MAQUILLAJE PARA HALLOWEEN DE CATRINA

TABLA DE CONTENIDOS

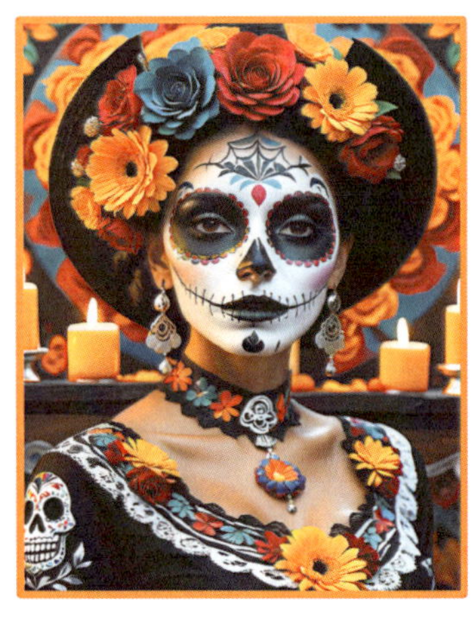
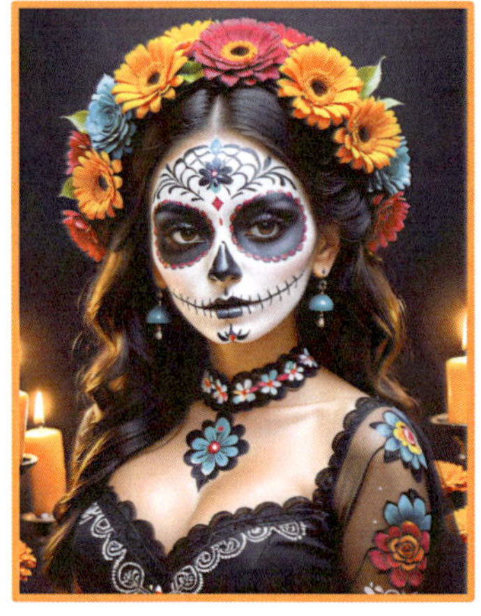
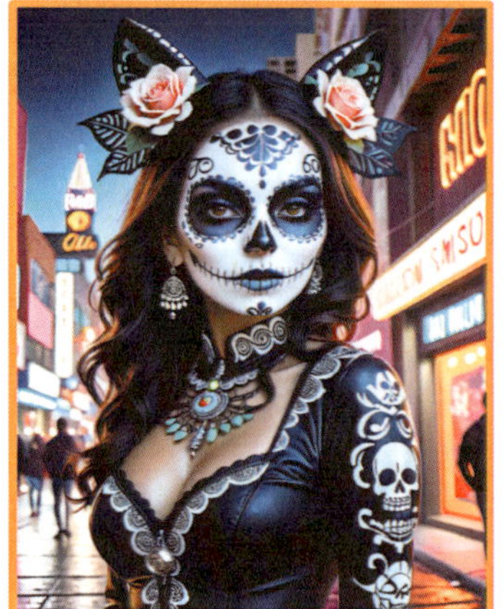
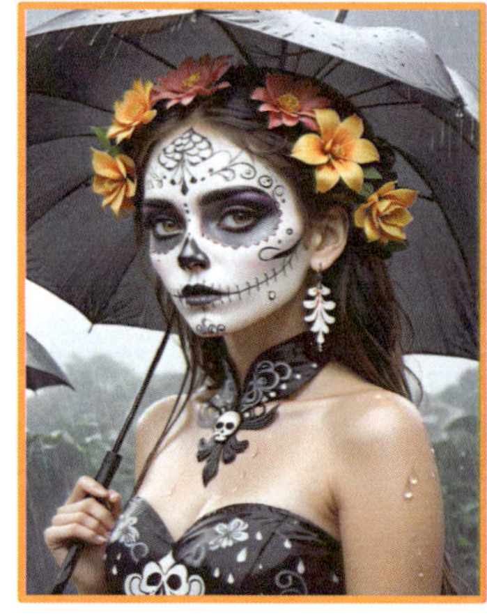
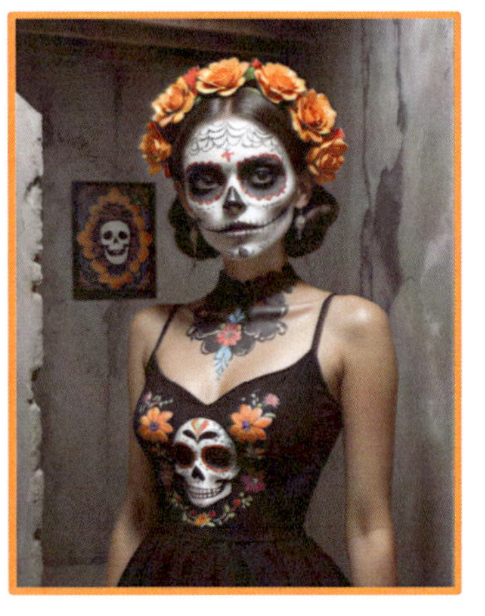
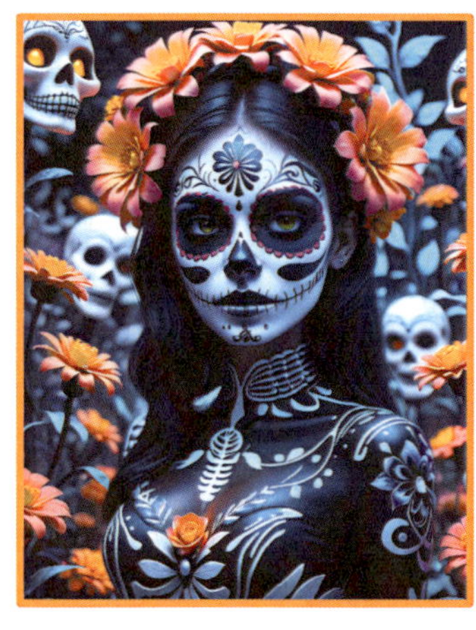
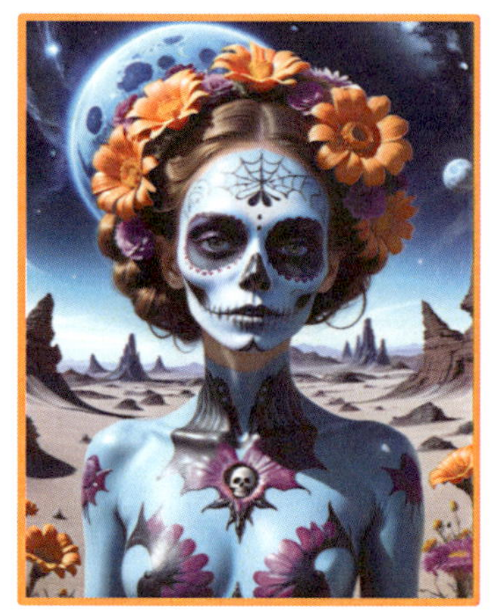
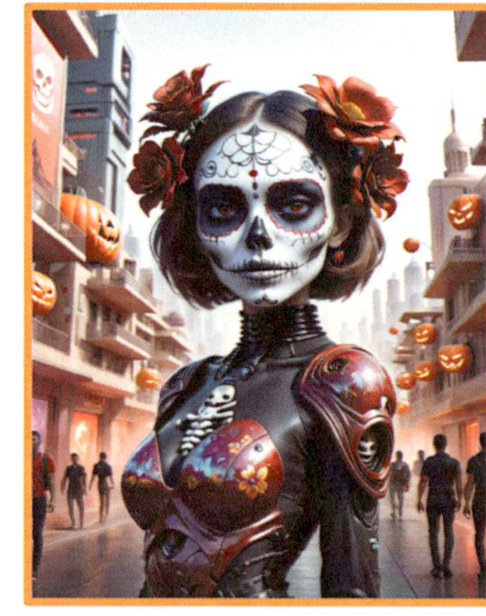
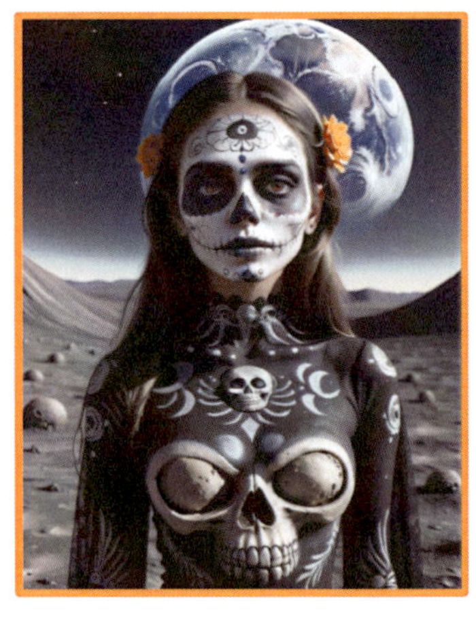
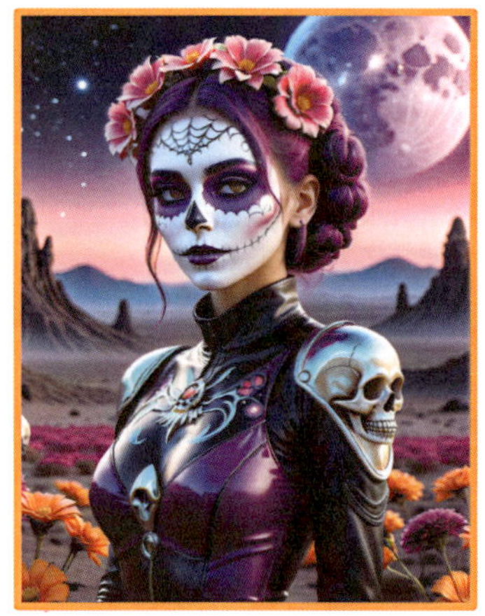
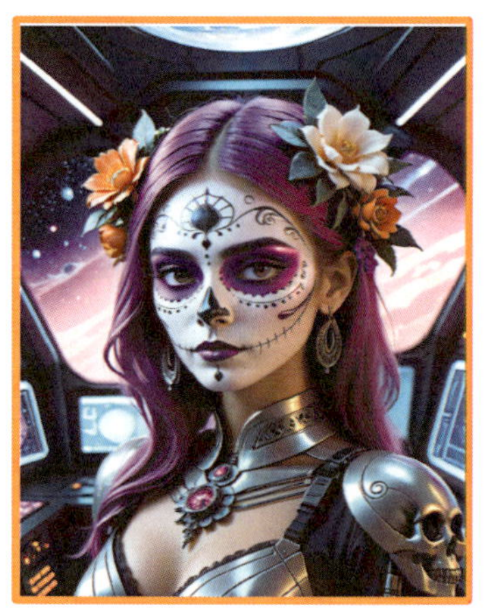
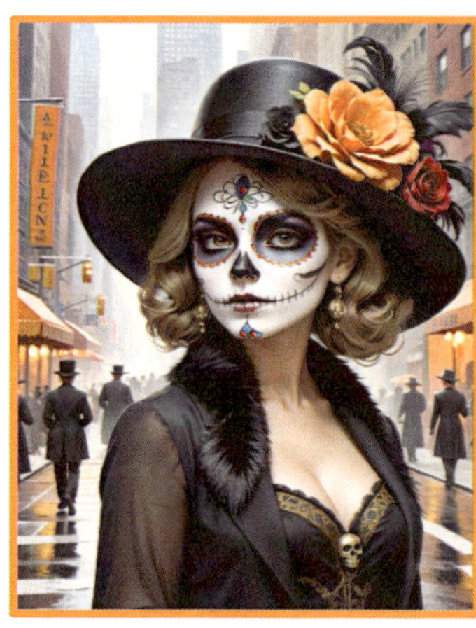
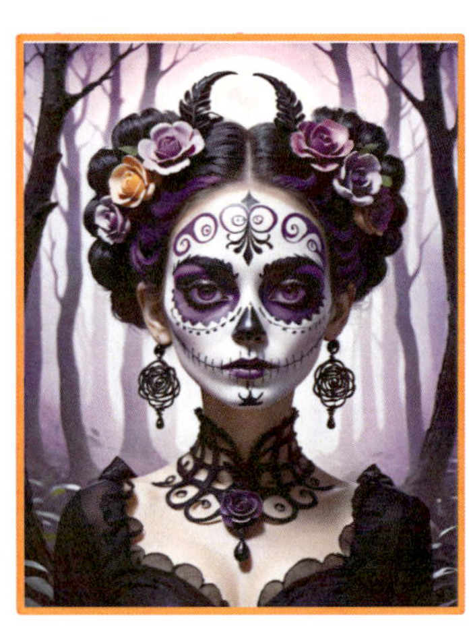
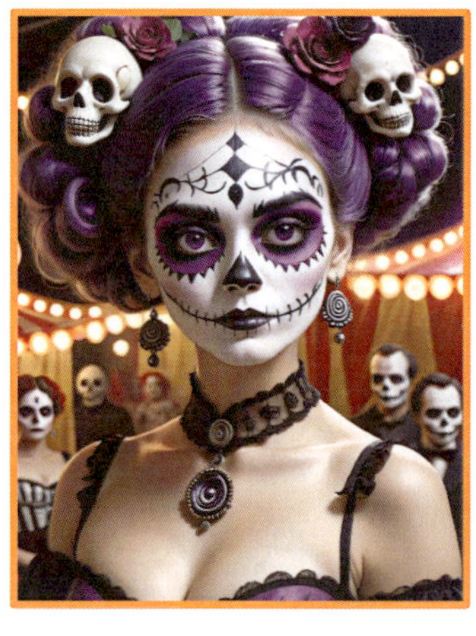
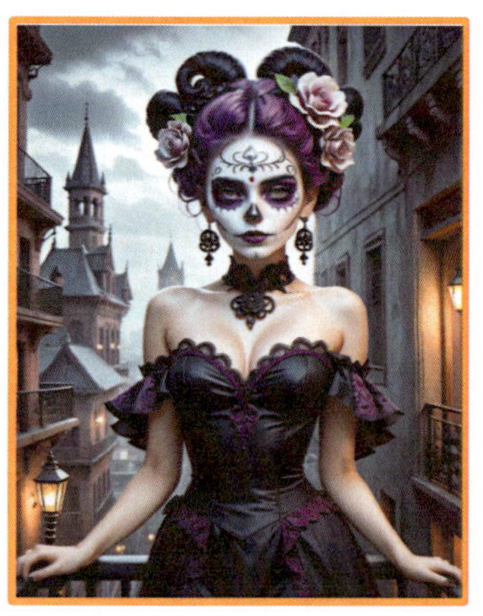
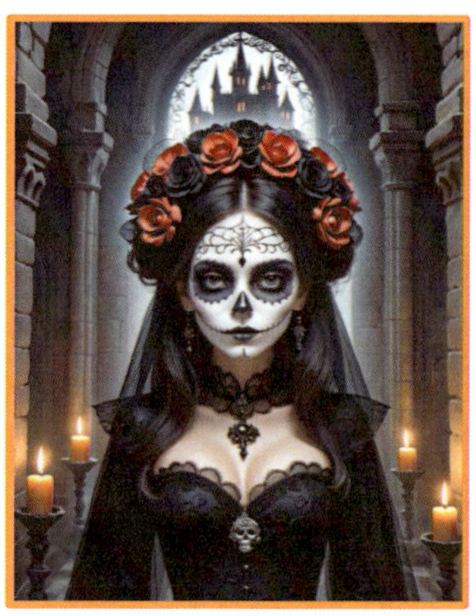

BIENVENIDO A LA "MAQUILLAJE PARA HALLOWEEN DE CATRINA." ESTE LIBRO ES TU GUíA INTEGRAL PASO A PASO PARA LOGRAR IMPRESIONANTES LOOKS INSPIRADOS EN LA CATRINA, PERFECTOS PARA HALLOWEEN, CELEBRACIONES DEL DíA DE LOS MUERTOS O CUALQUIER EVENTO TEMáTICO EN EL QUE DESEES HACER UNA DECLARACIóN AUDAZ Y ARTíSTICA. YA SEAS UN MAQUILLADOR EXPERIMENTADO O UN PRINCIPIANTE, ESTA GUíA TE AYUDARá A RECREAR ESTOS INTRINCADOS DISEñOS CON FACILIDAD.

MATERIALES NECESARIOS: ANTES DE COMENZAR, ASEGúRATE DE TENER LISTOS LOS SIGUIENTES MATERIALES:

MAQUILLAJE BASE:

PREBASE

PINTURA FACIAL BLANCA

POLVO FIJADOR

MAQUILLAJE DE OJOS:

VARIOS COLORES DE SOMBRAS DE OJOS (NEGRO, PúRPURA, ETC.)

DELINEADOR (NEGRO)

MáSCARA DE PESTAñAS

DETALLES FACIALES:

PINTURA FACIAL NEGRA

PINTURA FACIAL ROJA

PINCELES FINOS PARA DETALLES

MAQUILLAJE DE LABIOS:

LABIALES (VARIOS COLORES SEGúN EL LOOK)

DELINEADORES DE LABIOS

ACCESORIOS:

ACCESORIOS PARA EL CABELLO (FLORES, DIADEMAS DECORATIVAS)

DISFRACES QUE COINCIDAN CON EL TEMA

INSTRUCCIONES GENERALES DE APLICACIóN:

PREPARA TU PIEL: SIEMPRE COMIENZA CON UN ROSTRO LIMPIO E HIDRATADO. APLICA LA PREBASE PARA ASEGURARTE DE QUE TU MAQUILLAJE DURE DURANTE TODO EL EVENTO.

APLICA EL MAQUILLAJE BASE: USA PINTURA FACIAL BLANCA COMO BASE PARA LA MAYORÍA DE LOS LOOKS DE CATRINA. APLÍCALA DE MANERA UNIFORME Y FIJA CON UN POLVO TRANSLÚCIDO PARA EVITAR QUE SE CORRA.

MAQUILLAJE DE OJOS: ENFÓCATE EN OJOS AUDACES Y DRAMÁTICOS CON COLORES DE SOMBRAS DE OJOS INTENSOS Y VIBRANTES. CREA DIMENSIÓN CON SOMBRA NEGRA EN LAS CUENCAS Y ESQUINAS EXTERIORES. TERMINA CON DELINEADOR Y MÁSCARA PARA UN LOOK DEFINIDO.

DETALLES FACIALES: USA PINTURA FACIAL NEGRA Y UN PINCEL FINO PARA CREAR DISEÑOS INTRINCADOS ALREDEDOR DE TU ROSTRO. LA SIMETRÍA ES CLAVE EN EL MAQUILLAJE DE CATRINA, ASÍ QUE TÓMATE TU TIEMPO PARA ASEGURARTE DE QUE AMBOS LADOS COINCIDAN PERFECTAMENTE.

LABIOS: DELINEA Y LLENA TUS LABIOS CON EL COLOR DE LABIAL ELEGIDO. PARA UN EFECTO ESQUELÉTICO, EXTIENDE LÍNEAS DESDE LAS COMISURAS DE LOS LABIOS Y AGREGA PEQUEÑAS LÍNEAS VERTICALES PARA IMITAR LOS DIENTES DE UNA CALAVERA.

TOQUES FINALES: AGREGA ACCESORIOS COMO DIADEMAS FLORALES O GARGANTILLAS DE ENCAJE PARA COMPLEMENTAR TU MAQUILLAJE Y COMPLETAR EL LOOK. ASEGÚRATE DE QUE TU DISFRAZ SE INTEGRE PERFECTAMENTE CON EL DISEÑO DE MAQUILLAJE.

CONSEJOS DE SEGURIDAD E HIGIENE:

SENSIBILIDAD DE LA PIEL: SIEMPRE REALIZA UNA PRUEBA DE PARCHE ANTES DE APLICAR NUEVOS PRODUCTOS EN TU ROSTRO PARA VERIFICAR REACCIONES ALÉRGICAS. SI EXPERIMENTAS IRRITACIÓN, SUSPENDE SU USO DE INMEDIATO.

VENTILACIÓN: APLICA EL MAQUILLAJE EN UN ÁREA BIEN VENTILADA PARA EVITAR INHALAR POLVOS O VAPORES DE LOS PRODUCTOS.

EVITA EL CONTACTO CON LOS OJOS: TEN CUIDADO AL APLICAR MAQUILLAJE CERCA DE LOS OJOS. SI ALGÚN PRODUCTO ENTRA EN TUS OJOS, ENJUÁGALOS INMEDIATAMENTE CON AGUA.

USA PRODUCTOS NO TÓXICOS: ASEGÚRATE DE QUE TODOS LOS PRODUCTOS DE MAQUILLAJE QUE USES SEAN NO TÓXICOS Y SEGUROS PARA LA PIEL. EVITA USAR PRODUCTOS CADUCADOS.

TOMA DESCANSOS: SI ESTÁS TRABAJANDO EN UN DISEÑO PARTICULARMENTE INTRINCADO, TOMA DESCANSOS PARA EVITAR FORZAR TUS OJOS O MANOS.

REMOCIÓN ADECUADA: AL FINAL DEL DÍA, RETIRA CUIDADOSAMENTE TODO EL MAQUILLAJE USANDO UN LIMPIADOR SUAVE O DESMAQUILLANTE. EVITA FROTAR TU PIEL CON DEMASIADA FUERZA. HIDRATA TU ROSTRO DESPUÉS PARA RESTAURAR LA HIDRATACIÓN.

LIMPIA LAS HERRAMIENTAS REGULARMENTE: LIMPIA TUS PINCELES Y HERRAMIENTAS DESPUÉS DE CADA USO PARA EVITAR LA ACUMULACIÓN DE BACTERIAS. ESTO ES ESPECIALMENTE IMPORTANTE CUANDO TRABAJAS CON PINTURAS FACIALES Y OTROS PRODUCTOS DE MAQUILLAJE PESADO.

GUARDA EL MAQUILLAJE DE MANERA ADECUADA: MANTÉN TUS PRODUCTOS DE MAQUILLAJE EN UN LUGAR FRESCO Y SECO. ASEGÚRATE DE QUE ESTÉN BIEN CERRADOS CUANDO NO LOS USES PARA EVITAR QUE SE SEQUEN O SE CONTAMINEN.

CONCLUSIÓN: ESTE LIBRO ESTÁ DISEÑADO PARA INSPIRARTE Y GUIARTE EN LA CREACIÓN DE CAUTIVADORES LOOKS INSPIRADOS EN LA CATRINA QUE TE HARÁN EL CENTRO DE ATENCIÓN EN CUALQUIER EVENTO. RECUERDA, LA PRÁCTICA HACE AL MAESTRO—NO TENGAS MIEDO DE EXPERIMENTAR Y HACER QUE CADA LOOK SEA TUYO. CON ATENCIÓN AL DETALLE Y UN ENFOQUE EN LA SEGURIDAD, LOGRARÁS RESULTADOS IMPRESIONANTES. ¡DISFRUTA DE TU VIAJE EN EL MUNDO DEL MAQUILLAJE!

INSTRUCCIONES PASO A PASO PARA EL MAQUILLAJE:

PREPARACIÓN DE LA PIEL:

HERRAMIENTAS: PREBASE, PINTURA FACIAL BLANCA, POLVO FIJADOR TRANSLÚCIDO.

INSTRUCCIONES: COMIENZA APLICANDO UNA PREBASE PARA CREAR UNA BASE SUAVE Y ASEGURAR LA DURACIÓN DEL MAQUILLAJE. CUBRE TODO EL ROSTRO CON PINTURA FACIAL BLANCA, ASEGURÁNDOTE DE LOGRAR UN ACABADO UNIFORME Y OPACO PARA CREAR LA CLÁSICA BASE DE CATRINA. FIJA LA PINTURA FACIAL CON UN POLVO TRANSLÚCIDO PARA MANTENERLA EN SU LUGAR Y EVITAR QUE SE CORRA.

OJOS:

HERRAMIENTAS: SOMBRA DE OJOS NEGRA, DELINEADOR NEGRO, SOMBRA DE OJOS ROJA O ROSA, MÁSCARA DE PESTAÑAS.

INSTRUCCIONES: COMIENZA APLICANDO SOMBRA DE OJOS NEGRA ALREDEDOR DE TODA EL ÁREA DE LOS OJOS, CREANDO UN EFECTO PROFUNDO Y HUNDIDO TÍPICO DEL ESTILO CATRINA. DIFUMINA SOMBRA DE OJOS ROJA O ROSA ALREDEDOR DE LOS BORDES DEL NEGRO PARA AGREGAR PROFUNDIDAD Y VIVACIDAD. USA DELINEADOR NEGRO PARA DEFINIR AÚN MÁS LOS OJOS, EXTENDIÉNDOLO LIGERAMENTE MÁS ALLÁ DE LAS ESQUINAS EXTERIORES PARA UN EFECTO DRAMÁTICO. TERMINA CON UNA CAPA DE MÁSCARA PARA DEFINIR LAS PESTAÑAS.

DETALLES FACIALES:

HERRAMIENTAS: PINTURA FACIAL NEGRA, PINCEL FINO, PINTURA FACIAL DE COLORES (ROSA, ROJO, AZUL).

INSTRUCCIONES: USA PINTURA FACIAL NEGRA Y UN PINCEL FINO PARA CREAR LOS DETALLES CLÁSICOS DE LA CALAVERA CATRINA. DIBUJA UN PATRÓN DE TELARAÑA EN LA FRENTE, COMENZANDO DESDE EL CENTRO Y EXTENDIÉNDOSE HACIA AFUERA. ALREDEDOR DE LOS OJOS, USA PINTURA FACIAL DE COLORES PARA AGREGAR PEQUEÑOS DETALLES DECORATIVOS, COMO PUNTOS O PATRONES FLORALES, PARA REALZAR EL ÁREA DE LOS OJOS. DIBUJA UNA LÍNEA NEGRA DESDE LAS COMISURAS DE LA BOCA, EXTENDIÉNDOLA HACIA AFUERA PARA CREAR UNA SONRISA ESQUELÉTICA, Y AGREGA PEQUEÑAS LÍNEAS VERTICALES A LO LARGO DE LOS LABIOS PARA IMITAR LOS DIENTES. INCORPORA ACENTOS COLORIDOS ALREDEDOR DEL ROSTRO, USANDO PINTURA ROSA, ROJA O AZUL PARA TOQUES FLORALES Y DECORATIVOS ADICIONALES.

NARIZ:

HERRAMIENTAS: PINTURA FACIAL NEGRA, PINCEL FINO.

INSTRUCCIONES: PINTA LA PUNTA DE LA NARIZ DE NEGRO EN FORMA DE LÁGRIMA PARA CREAR LA ILUSIÓN DE LA CAVIDAD NASAL DE UNA CALAVERA. ASEGÚRATE DE QUE LOS BORDES ESTÉN NÍTIDOS Y LIMPIOS PARA UN ASPECTO PULIDO.

LABIOS:

HERRAMIENTAS: LÁPIZ LABIAL NEGRO, PINCEL FINO.

INSTRUCCIONES: DELINEA LOS LABIOS CON DELINEADOR NEGRO Y RELLÉNALOS CON LÁPIZ LABIAL NEGRO. EXTIENDE LAS LÍNEAS NEGRAS DESDE LAS COMISURAS DE LA BOCA, INTEGRÁNDOLAS EN EL DISEÑO ESQUELÉTICO PARA UNA APARIENCIA COHERENTE.

SUGERENCIAS PARA EL DISFRAZ:

TOCADO: UN SOMBRERO GRANDE DE ALA ANCHA ADORNADO CON FLORES VIBRANTES Y COLORIDAS (COMO ROSAS EN ROJO, NARANJA Y TURQUESA) PARA COMBINAR CON EL MAQUILLAJE.

VESTIDO: UN VESTIDO TRADICIONAL Y ELEGANTE EN NEGRO CON DETALLES DE ENCAJE Y BORDADOS FLORALES. INCORPORA COLORES BRILLANTES QUE COMPLEMENTEN LAS FLORES DEL SOMBRERO, COMO ROJOS, NARANJAS Y TURQUESAS, PARA UNIR TODO EL LOOK.

ACCESORIOS: UN COLLAR TIPO GARGANTILLA CON ACENTOS FLORALES Y MOTIVOS DE CALAVERAS, ARETES A JUEGO Y ELEMENTOS FLORALES ADICIONALES EN EL VESTIDO. ESTOS ACCESORIOS AÑADEN AL ESTILO TRADICIONAL DEL DÍA DE LOS MUERTOS.

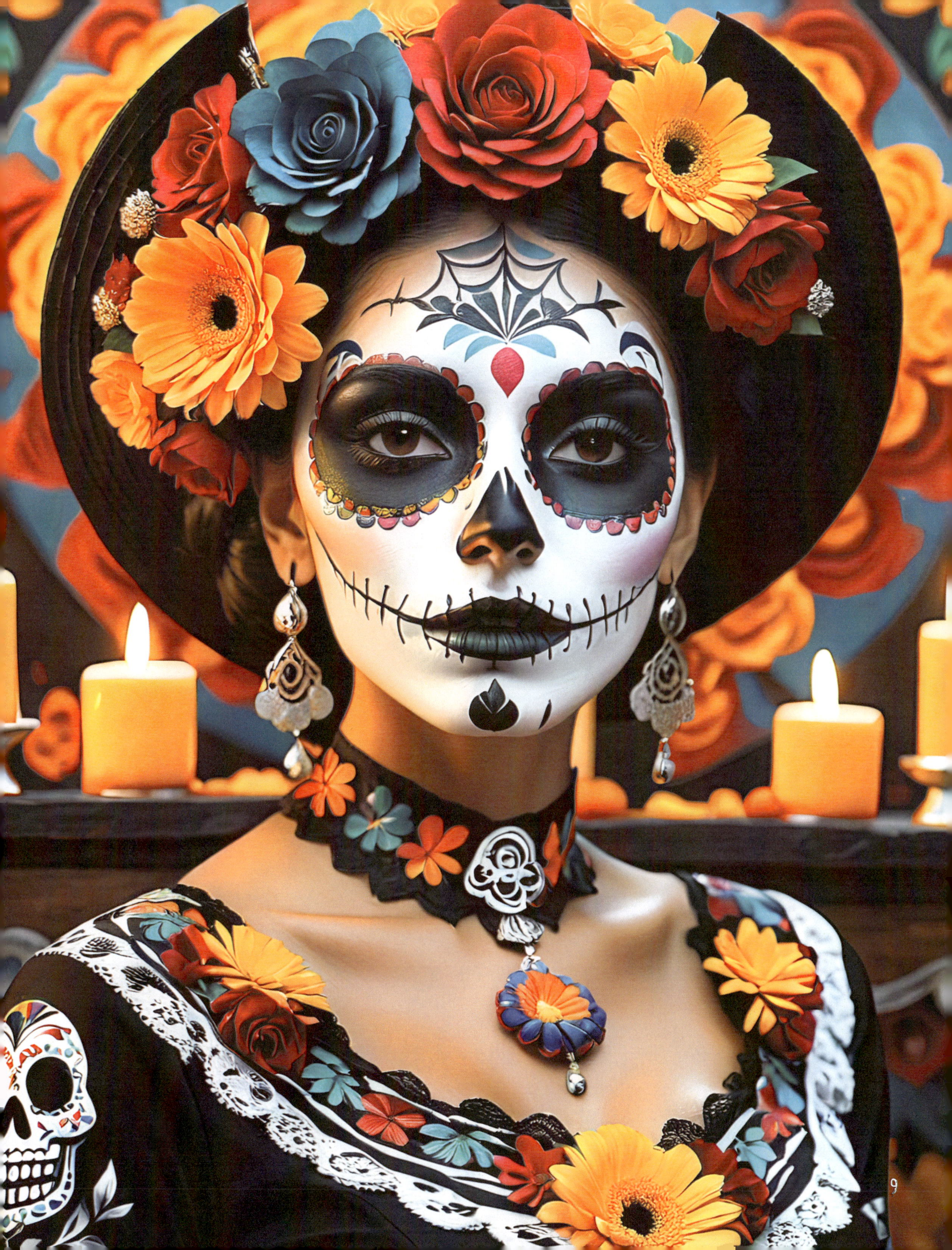

CATRINA VIBRANTE: CORONA FLORAL COLORIDA Y MAQUILLAJE DE CALAVERA

INSTRUCCIONES PASO A PASO PARA EL MAQUILLAJE:

PREPARACIÓN DE LA PIEL:

HERRAMIENTAS: PREBASE, PINTURA FACIAL BLANCA, POLVO FIJADOR TRANSLÚCIDO.

INSTRUCCIONES: COMIENZA APLICANDO UNA PREBASE PARA ASEGURAR UNA BASE SUAVE Y DURADERA. CUBRE TODO EL ROSTRO CON PINTURA FACIAL BLANCA, MEZCLÁNDOLA UNIFORMEMENTE PARA CREAR UNA BASE IMPECABLE DE CATRINA. FIJA LA PINTURA CON POLVO TRANSLÚCIDO PARA EVITAR QUE SE CORRA Y ASEGURAR SU DURABILIDAD.

OJOS:

HERRAMIENTAS: SOMBRA DE OJOS NEGRA, DELINEADOR NEGRO, SOMBRA DE OJOS ROSA, MÁSCARA DE PESTAÑAS.

INSTRUCCIONES: APLICA SOMBRA DE OJOS NEGRA ALREDEDOR DE LOS OJOS, EXTENDIÉNDOLA HACIA AFUERA EN UNA FORMA CIRCULAR PARA IMITAR LAS CUENCAS OCULARES HUNDIDAS. DIFUMINA LA SOMBRA DE OJOS ROSA ALREDEDOR DE LOS BORDES DEL NEGRO PARA CREAR UNA TRANSICIÓN VIBRANTE Y COLORIDA. USA DELINEADOR NEGRO PARA DEFINIR AÚN MÁS LOS OJOS, ASEGURANDO UNA LÍNEA NÍTIDA Y PRECISA ALREDEDOR DE TODO EL OJO. TERMINA CON UNA GENEROSA CAPA DE MÁSCARA DE PESTAÑAS PARA REALZAR LAS PESTAÑAS Y AGREGAR PROFUNDIDAD AL LOOK.

DETALLES FACIALES:

HERRAMIENTAS: PINTURA FACIAL NEGRA, PINCEL FINO, PINTURA FACIAL DE COLORES (ROSA, AZUL, TURQUESA).

INSTRUCCIONES: USA PINTURA FACIAL NEGRA Y UN PINCEL FINO PARA DIBUJAR DETALLES INTRINCADOS TÍPICOS DEL MAQUILLAJE DE CATRINA. COMIENZA CON UN DISEÑO EN FORMA DE TELARAÑA EN LA FRENTE, EXTENDIÉNDOLO SIMÉTRICAMENTE. AGREGA PEQUEÑOS ELEMENTOS DECORATIVOS COLORIDOS ALREDEDOR DE LOS OJOS Y EN LA BARBILLA USANDO PINTURA FACIAL ROSA, AZUL Y TURQUESA. CREA UNA SONRISA ESQUELÉTICA DIBUJANDO UNA LÍNEA NEGRA DESDE LAS COMISURAS DE LA BOCA, EXTENDIÉNDOLA HACIA AFUERA CON PEQUEÑAS LÍNEAS VERTICALES A LO LARGO DE LOS LABIOS PARA IMITAR DIENTES.

NARIZ:

HERRAMIENTAS: PINTURA FACIAL NEGRA, PINCEL FINO.

INSTRUCCIONES: PINTA LA PUNTA DE LA NARIZ EN FORMA DE LÁGRIMA USANDO PINTURA FACIAL NEGRA PARA CREAR LA ILUSIÓN DE LA CAVIDAD NASAL DE UNA CALAVERA. ASEGÚRATE DE QUE LAS LÍNEAS SEAN NÍTIDAS Y LIMPIAS.

LABIOS:

HERRAMIENTAS: LÁPIZ LABIAL NEGRO, PINCEL FINO.

INSTRUCCIONES: DELINEA LOS LABIOS CON DELINEADOR NEGRO Y RELLÉNALOS CON LÁPIZ LABIAL NEGRO. EXTIENDE LAS LÍNEAS NEGRAS DESDE LAS COMISURAS DE LA BOCA, INTEGRÁNDOLAS PERFECTAMENTE EN EL DISEÑO ESQUELÉTICO GENERAL.

SUGERENCIAS PARA EL DISFRAZ:

TOCADO: UNA CORONA FLORAL VIBRANTE CON COLORES LLAMATIVOS COMO FLORES EN NARANJA BRILLANTE, ROSA Y TURQUESA. ESTE TOCADO ES CLAVE PARA CAPTURAR EL LOOK DE CATRINA Y AÑADE UN TOQUE FESTIVO A LA APARIENCIA GENERAL.

VESTIDO: UN VESTIDO NEGRO CON DETALLES INTRINCADOS DE ENCAJE Y BORDADOS FLORALES COLORIDOS QUE REFLEJAN LOS COLORES UTILIZADOS EN EL MAQUILLAJE. EL VESTIDO DEBE SER ELEGANTE Y FLUIDO, ACENTUANDO EL TONO FESTIVO PERO SOLEMNE DE LA TRADICIÓN CATRINA.

ACCESORIOS: UN COLLAR TIPO GARGANTILLA CON DISEÑOS FLORALES Y ARETES A JUEGO EN COLORES LLAMATIVOS COMO TURQUESA Y ROSA. CONSIDERA AGREGAR PATRONES FLORALES ADICIONALES O DISEÑOS PINTADOS EN EL CUELLO Y LOS HOMBROS PARA COMBINAR CON EL MAQUILLAJE, CREANDO UNA APARIENCIA COHESIVA E IMPACTANTE.

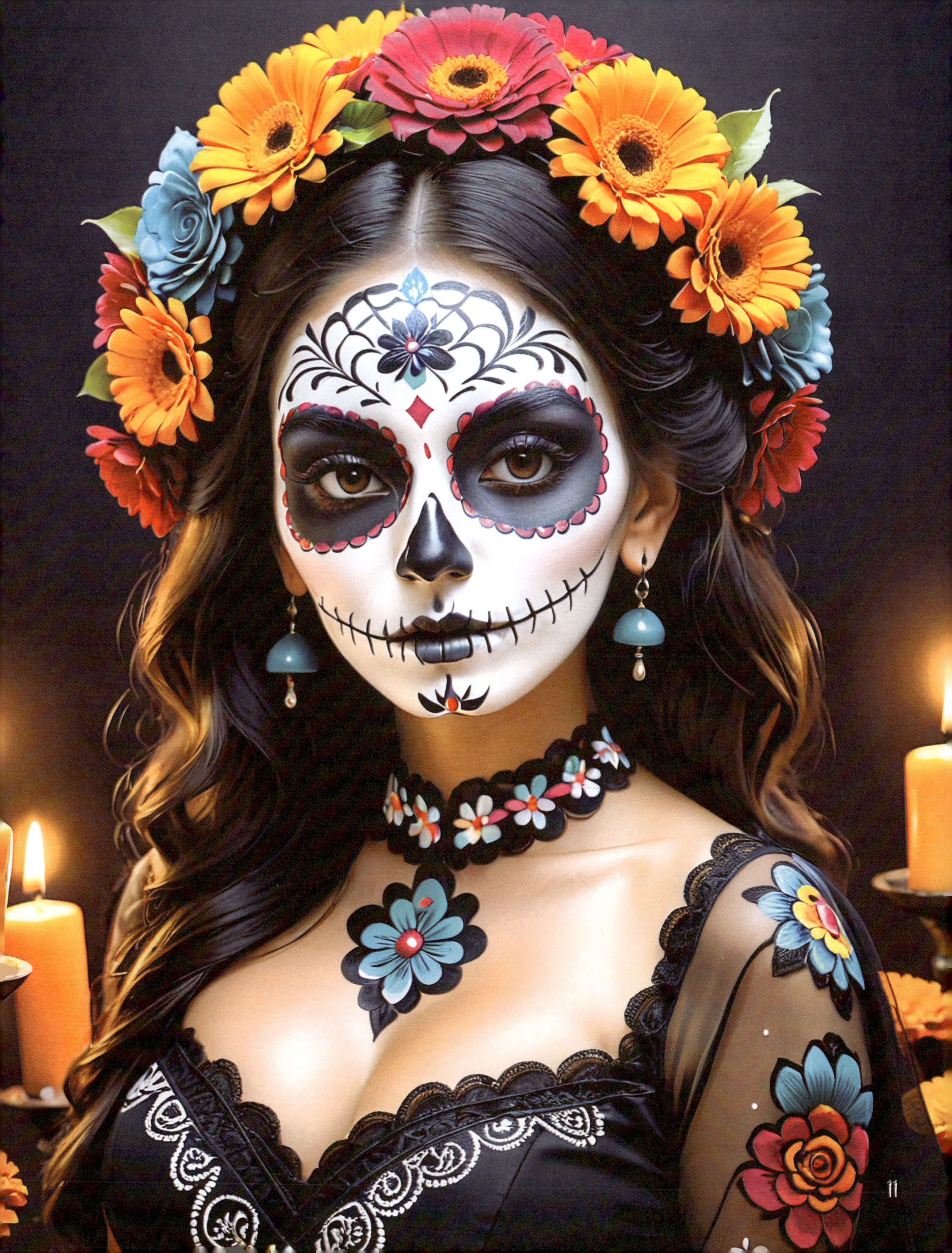

CATRINA RADIANTE: MAQUILLAJE INTRINCADO DE CALAVERA CON CORONA FLORAL AUDAZ

INSTRUCCIONES PASO A PASO PARA EL MAQUILLAJE:

PREPARACIÓN DE LA PIEL:

HERRAMIENTAS: PREBASE, PINTURA FACIAL BLANCA, POLVO FIJADOR TRANSLÚCIDO.

INSTRUCCIONES: COMIENZA APLICANDO UNA PREBASE PARA CREAR UNA BASE SUAVE Y DURADERA. APLICA PINTURA FACIAL BLANCA DE MANERA UNIFORME EN TODO EL ROSTRO, CREANDO UNA BASE IMPECABLE Y FANTASMAL PARA EL LOOK DE CATRINA. FIJA LA PINTURA CON POLVO TRANSLÚCIDO PARA ASEGURARTE DE QUE SE MANTENGA EN SU LUGAR DURANTE TODO EL EVENTO.

OJOS:

HERRAMIENTAS: SOMBRA DE OJOS NEGRA, SOMBRA DE OJOS PÚRPURA O ROSA, DELINEADOR NEGRO, MÁSCARA DE PESTAÑAS.

INSTRUCCIONES: COMIENZA APLICANDO SOMBRA DE OJOS NEGRA ALREDEDOR DE LOS OJOS, EXTENDIÉNDOLA HACIA AFUERA EN UNA FORMA CIRCULAR PARA ASEMEJAR LAS CUENCAS OCULARES HUNDIDAS DE UNA CALAVERA. LUEGO, DIFUMINA SOMBRA DE OJOS PÚRPURA O ROSA ALREDEDOR DE LOS BORDES DEL NEGRO PARA AGREGAR UNA TRANSICIÓN VIBRANTE Y COLORIDA. USA DELINEADOR NEGRO PARA DEFINIR LOS OJOS, DIBUJANDO UNA LÍNEA NÍTIDA ALREDEDOR DE TODA EL ÁREA DE LOS OJOS. TERMINA CON UNA CAPA DE MÁSCARA DE PESTAÑAS PARA REALZAR LAS PESTAÑAS Y AÑADIR PROFUNDIDAD AL LOOK.

DETALLES FACIALES:

HERRAMIENTAS: PINTURA FACIAL NEGRA, PINCEL FINO, PINTURA FACIAL DE COLORES (ROSA, AZUL, PÚRPURA).

INSTRUCCIONES: USANDO PINTURA FACIAL NEGRA Y UN PINCEL FINO, DIBUJA LOS INTRINCADOS DISEÑOS DE CALAVERA TÍPICOS DEL ESTILO CATRINA. COMIENZA CREANDO UN PATRÓN DE TELARAÑA EN LA FRENTE, IRRADIANDO HACIA AFUERA DE MANERA SIMÉTRICA. USA PINTURA FACIAL DE COLORES PARA AGREGAR ELEMENTOS DECORATIVOS ALREDEDOR DE LOS OJOS Y A LO LARGO DE LAS MEJILLAS, USANDO TONOS DE ROSA, AZUL Y PÚRPURA PARA UN EFECTO VIBRANTE. DIBUJA UNA SONRISA ESQUELÉTICA EXTENDIENDO LÍNEAS NEGRAS DESDE LAS COMISURAS DE LA BOCA Y AGREGANDO PEQUEÑAS LÍNEAS VERTICALES A LO LARGO DE LOS LABIOS PARA IMITAR DIENTES.

NARIZ:

HERRAMIENTAS: PINTURA FACIAL NEGRA, PINCEL FINO.

INSTRUCCIONES: PINTA LA PUNTA DE LA NARIZ EN FORMA DE LÁGRIMA CON PINTURA FACIAL NEGRA, CREANDO LA ILUSIÓN DE LA CAVIDAD NASAL DE UNA CALAVERA. ASEGÚRATE DE QUE LAS LÍNEAS SEAN NÍTIDAS Y SIMÉTRICAS.

LABIOS:

HERRAMIENTAS: LÁPIZ LABIAL NEGRO, PINCEL FINO.

INSTRUCCIONES: DELINEA LOS LABIOS CON DELINEADOR NEGRO Y RELLÉNALOS CON LÁPIZ LABIAL NEGRO. EXTIENDE LAS LÍNEAS NEGRAS DESDE LAS COMISURAS DE LA BOCA PARA INTEGRARLAS PERFECTAMENTE EN EL DISEÑO ESQUELÉTICO.

SUGERENCIAS PARA EL DISFRAZ:

TOCADO: UNA CORONA FLORAL VIBRANTE Y GRANDE CON COLORES AUDACES COMO FLORES EN AMARILLO BRILLANTE, ROSA Y AZUL. ESTE TOCADO ES ESENCIAL PARA COMPLETAR EL LOOK DE CATRINA, AÑADIENDO UN TOQUE FESTIVO Y ELEGANTE.

VESTIDO: UN VESTIDO NEGRO CON DETALLES INTRINCADOS DE ENCAJE Y BORDADOS COLORIDOS, ESPECIALMENTE ALREDEDOR DEL ESCOTE Y LAS MANGAS. EL VESTIDO DEBE SER ELEGANTE Y ACENTUAR EL TONO FESTIVO PERO SOLEMNE DE LA TRADICIÓN CATRINA.

ACCESORIOS: UN COLLAR TIPO GARGANTILLA CON MOTIVOS FLORALES Y ARETES A JUEGO EN COLORES LLAMATIVOS COMO TURQUESA Y NARANJA. CONSIDERA AGREGAR PATRONES FLORALES ADICIONALES O DISEÑOS PINTADOS EN LOS HOMBROS Y EL PECHO PARA COMBINAR CON EL MAQUILLAJE, CREANDO UNA APARIENCIA COHESIVA E IMPACTANTE.

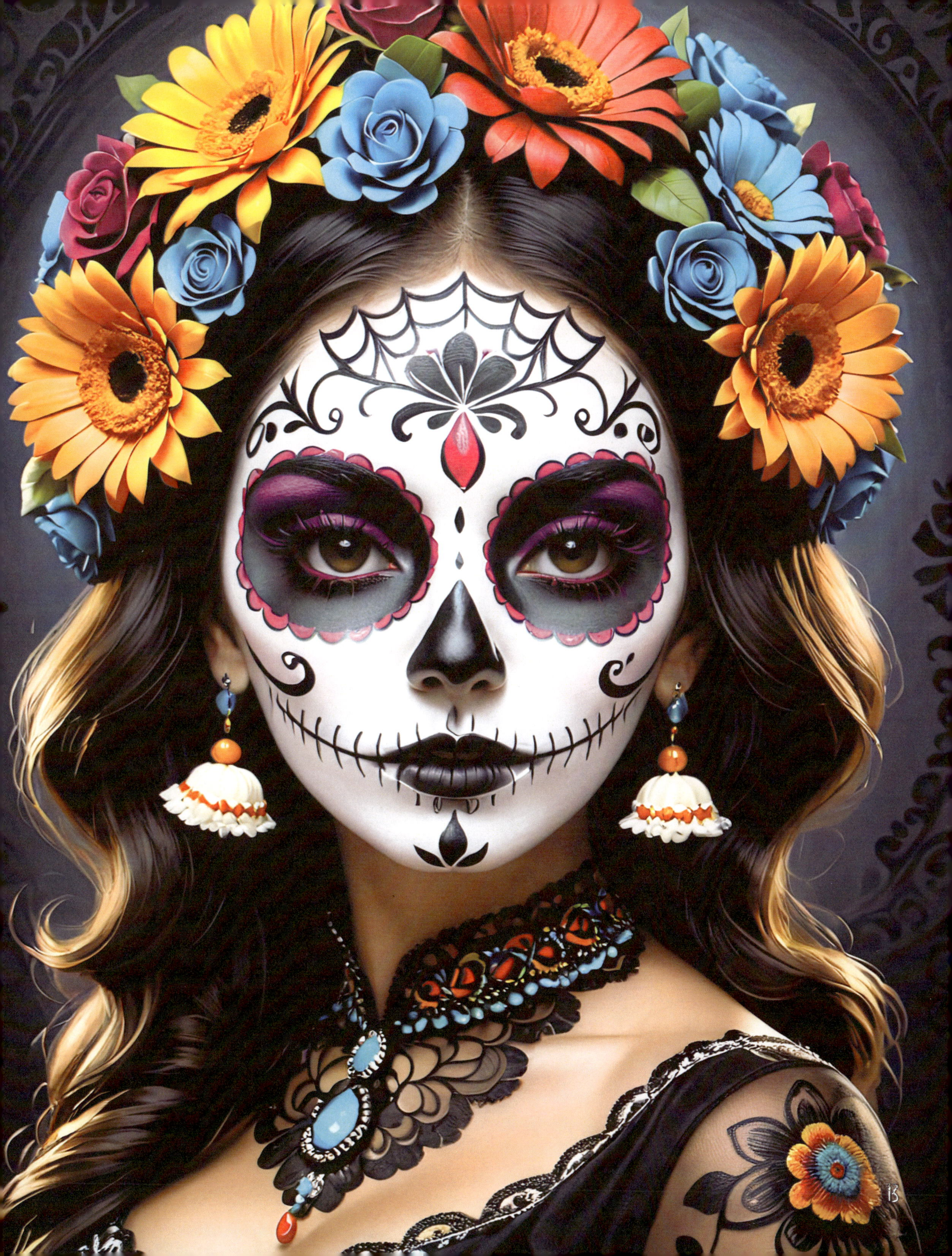

INSTRUCCIONES PASO A PASO PARA EL MAQUILLAJE:

PREPARACIÓN DE LA PIEL:

HERRAMIENTAS: PREBASE, PINTURA FACIAL BLANCA, POLVO FIJADOR TRANSLÚCIDO.

INSTRUCCIONES: COMIENZA APLICANDO UNA PREBASE PARA CREAR UNA BASE SUAVE PARA EL MAQUILLAJE. USA PINTURA FACIAL BLANCA PARA CUBRIR TODO EL ROSTRO, ASEGURÁNDOTE DE LOGRAR UN ACABADO UNIFORME Y PERFECTO QUE SIRVA COMO BASE PARA EL LOOK DE CATRINA. FIJA LA PINTURA FACIAL CON POLVO TRANSLÚCIDO PARA MANTENER LA LONGEVIDAD DEL MAQUILLAJE Y EVITAR QUE SE CORRA.

OJOS:

HERRAMIENTAS: SOMBRA DE OJOS NEGRA, SOMBRA DE OJOS PÚRPURA, DELINEADOR NEGRO, MÁSCARA DE PESTAÑAS.

INSTRUCCIONES: APLICA SOMBRA DE OJOS NEGRA ALREDEDOR DE LOS OJOS, EXTENDIÉNDOLA HACIA AFUERA PARA CREAR EL EFECTO DE OJO HUECO TÍPICO DEL MAQUILLAJE DE CATRINA. DIFUMINA LA SOMBRA DE OJOS PÚRPURA ALREDEDOR DE LOS BORDES DEL NEGRO PARA AÑADIR UN TOQUE DE COLOR Y PROFUNDIDAD. USA DELINEADOR NEGRO PARA DEFINIR LOS OJOS, DIBUJANDO UNA LÍNEA PRECISA ALREDEDOR DE TODA EL ÁREA DE LOS OJOS. TERMINA CON MÁSCARA DE PESTAÑAS PARA REALZAR LAS PESTAÑAS, AÑADIENDO VOLUMEN Y DEFINICIÓN.

DETALLES FACIALES:

HERRAMIENTAS: PINTURA FACIAL NEGRA, PINCEL FINO, PINTURA FACIAL DE COLORES (ROSA, TURQUESA, PÚRPURA).

INSTRUCCIONES: CON PINTURA FACIAL NEGRA Y UN PINCEL FINO, CREA LOS DISEÑOS INTRINCADOS TÍPICOS DEL MAQUILLAJE DE CATRINA. COMIENZA CON UN PATRÓN DE TELARAÑA EN LA FRENTE, EXTENDIÉNDOLO DE MANERA SIMÉTRICA. AGREGA ELEMENTOS DECORATIVOS COLORIDOS ALREDEDOR DE LOS OJOS Y A LO LARGO DE LAS MEJILLAS USANDO PINTURA FACIAL EN TONOS ROSA, TURQUESA Y PÚRPURA. DIBUJA UNA SONRISA ESQUELÉTICA EXTENDIENDO LÍNEAS NEGRAS DESDE LAS COMISURAS DE LA BOCA, Y AGREGA PEQUEÑAS LÍNEAS VERTICALES A LO LARGO DE LOS LABIOS PARA IMITAR LOS DIENTES. INCORPORA DISEÑOS FLORALES U ORNAMENTALES EN LA BARBILLA Y EL CUELLO PARA COMPLEMENTAR LA CORONA FLORAL.

NARIZ:

HERRAMIENTAS: PINTURA FACIAL NEGRA, PINCEL FINO.

INSTRUCCIONES: PINTA LA PUNTA DE LA NARIZ EN FORMA DE LÁGRIMA CON PINTURA FACIAL NEGRA, CREANDO LA APARIENCIA DE LA CAVIDAD NASAL DE UNA CALAVERA. ASEGÚRATE DE QUE LAS LÍNEAS SEAN LIMPIAS Y SIMÉTRICAS.

LABIOS:

HERRAMIENTAS: LÁPIZ LABIAL NEGRO, PINCEL FINO.

INSTRUCCIONES: DELINEA LOS LABIOS CON DELINEADOR NEGRO Y LUEGO RELLÉNALOS CON LÁPIZ LABIAL NEGRO. EXTIENDE LAS LÍNEAS NEGRAS DESDE LAS COMISURAS DE LA BOCA, INTEGRÁNDOLAS PERFECTAMENTE EN EL DISEÑO ESQUELÉTICO GENERAL.

SUGERENCIAS PARA EL DISFRAZ:

TOCADO: UNA CORONA FLORAL GRANDE Y VIBRANTE QUE INCLUYA UNA MEZCLA DE COLORES AUDACES COMO FLORES NARANJAS, TURQUESAS, PÚRPURAS Y ROSAS. EL TOCADO ES ESENCIAL PARA EL LOOK DE CATRINA, AÑADIENDO UN TOQUE FESTIVO Y ANIMADO A LA APARIENCIA GENERAL.

VESTIDO: UN VESTIDO NEGRO CON PATRONES FLORALES BLANCOS INTRINCADOS Y DETALLES DE ENCAJE, ESPECIALMENTE ALREDEDOR DEL ESCOTE Y LAS MANGAS. EL VESTIDO DEBE SER ELEGANTE Y FLUIDO, CAPTURANDO EL ESPÍRITU DEL DÍA DE LOS MUERTOS MIENTRAS ENFATIZA LA VIBRANTE PALETA DE COLORES DE LA CORONA FLORAL.

ACCESORIOS: UN COLLAR TIPO GARGANTILLA CON ENCAJE Y ACENTOS DE GEMAS TURQUESAS O AZULES, ARETES A JUEGO Y POSIBLEMENTE UN MOTIVO DECORATIVO DE FLOR O ENCAJE EN LOS HOMBROS. ESTOS ELEMENTOS MEJORAN LA ESTÉTICA GENERAL, CREANDO UNA APARIENCIA COHESIVA E IMPACTANTE.

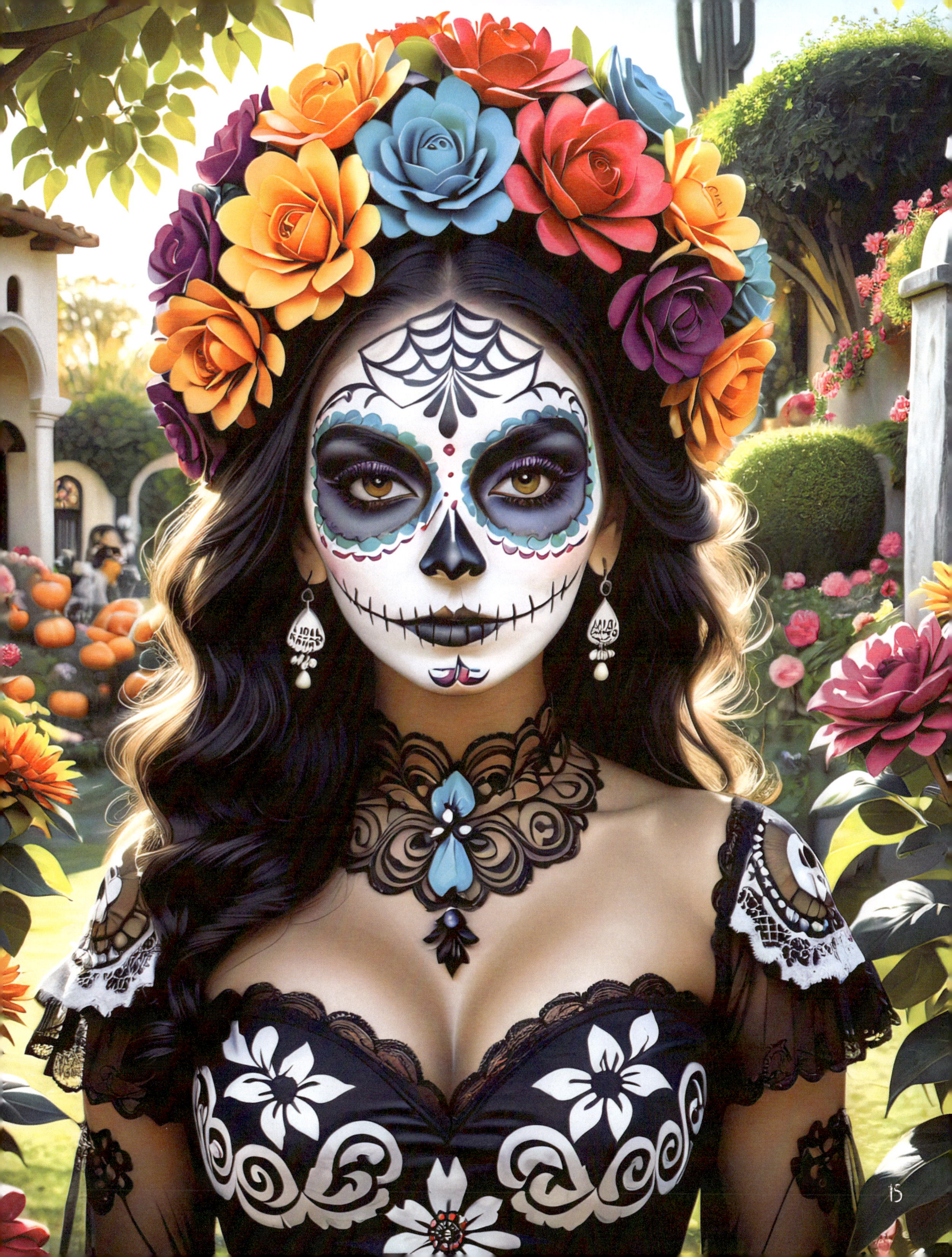

CATRINA URBANA: MAQUILLAJE MODERNO DE CALAVERA CON UN TOQUE DIVERTIDO

INSTRUCCIONES PASO A PASO PARA EL MAQUILLAJE:

PREPARACIÓN DE LA PIEL:

HERRAMIENTAS: PREBASE, PINTURA FACIAL BLANCA, POLVO FIJADOR TRANSLÚCIDO.

INSTRUCCIONES: COMIENZA APLICANDO UNA PREBASE PARA CREAR UNA BASE SUAVE PARA TU MAQUILLAJE. CUBRE TODO EL ROSTRO CON PINTURA FACIAL BLANCA, ASEGURÁNDOTE DE LOGRAR UNA COBERTURA UNIFORME PARA UNA BASE DE CALAVERA IMPECABLE. FIJA LA PINTURA FACIAL CON POLVO TRANSLÚCIDO PARA ASEGURAR EL MAQUILLAJE Y EVITAR QUE SE CORRA.

OJOS:

HERRAMIENTAS: SOMBRA DE OJOS NEGRA, SOMBRA DE OJOS AZUL OSCURO, DELINEADOR NEGRO, MÁSCARA DE PESTAÑAS.

INSTRUCCIONES: APLICA SOMBRA DE OJOS NEGRA ALREDEDOR DE LOS OJOS, EXTENDIÉNDOLA HACIA AFUERA EN UNA FORMA CIRCULAR PARA IMITAR LAS CUENCAS VACÍAS DE UNA CALAVERA. DIFUMINA LA SOMBRA DE OJOS AZUL OSCURO ALREDEDOR DE LOS BORDES DEL NEGRO PARA AÑADIR PROFUNDIDAD Y UN TOQUE MODERNO. USA DELINEADOR NEGRO PARA DEFINIR LOS OJOS, DELINEANDO CUIDADOSAMENTE TODO EL CONTORNO DEL ÁREA DE LOS OJOS. TERMINA CON MÁSCARA DE PESTAÑAS PARA AÑADIR VOLUMEN Y DEFINICIÓN A LAS PESTAÑAS.

DETALLES FACIALES:

HERRAMIENTAS: PINTURA FACIAL NEGRA, PINCEL FINO, PINTURA FACIAL DE COLORES (AZUL, TURQUESA).

INSTRUCCIONES: USA PINTURA FACIAL NEGRA Y UN PINCEL FINO PARA CREAR LOS DETALLES INTRINCADOS TÍPICOS DEL MAQUILLAJE DE CATRINA. COMIENZA CON DISEÑOS SIMÉTRICOS EN LA FRENTE, INCORPORANDO PATRONES FLORALES U ORNAMENTALES. AGREGA ACENTOS DE COLOR EN AZUL Y TURQUESA ALREDEDOR DE LOS OJOS Y A LO LARGO DE LAS MEJILLAS PARA UN LOOK VIBRANTE, INSPIRADO EN LO URBANO. DIBUJA UNA SONRISA ESQUELÉTICA EXTENDIENDO LÍNEAS NEGRAS DESDE LAS COMISURAS DE LA BOCA, AGREGANDO PEQUEÑAS LÍNEAS VERTICALES A LO LARGO DE LOS LABIOS PARA IMITAR DIENTES.

NARIZ:

HERRAMIENTAS: PINTURA FACIAL NEGRA, PINCEL FINO.

INSTRUCCIONES: PINTA LA PUNTA DE LA NARIZ EN FORMA DE LÁGRIMA USANDO PINTURA FACIAL NEGRA, CREANDO LA ILUSIÓN DE LA CAVIDAD NASAL DE UNA CALAVERA. ASEGÚRATE DE QUE LOS BORDES SEAN NÍTIDOS Y LIMPIOS PARA UN ASPECTO PULIDO.

LABIOS:

HERRAMIENTAS: LÁPIZ LABIAL NEGRO, PINCEL FINO.

INSTRUCCIONES: DELINEA LOS LABIOS CON DELINEADOR NEGRO Y LUEGO RELLÉNALOS CON LÁPIZ LABIAL NEGRO. EXTIENDE LAS LÍNEAS NEGRAS DESDE LAS COMISURAS DE LA BOCA, INTEGRÁNDOLAS PERFECTAMENTE EN EL DISEÑO ESQUELÉTICO.

SUGERENCIAS PARA EL DISFRAZ:

TOCADO: OREJAS DE GATO JUGUETONAS DECORADAS CON ACENTOS FLORALES COMO ROSAS ROSADAS Y HOJAS TURQUESAS. ESTE TOCADO AÑADE UN GIRO MODERNO Y DIVERTIDO AL TRADICIONAL LOOK DE CATRINA.

OUTFIT: UN VESTIDO AJUSTADO NEGRO O UN BODYSUIT CON DISEÑOS DE ESQUELETO Y FLORES IMPRESOS EN LAS MANGAS Y EL CORPIÑO. EL ATUENDO DEBE SER ELEGANTE Y MODERNO, INCORPORANDO ELEMENTOS DE LA MODA GÓTICA Y URBANA.

ACCESORIOS: UN COLLAR LLAMATIVO CON ACENTOS DE GEMAS TURQUESAS Y AZULES, ARETES A JUEGO, Y DETALLES ADICIONALES DE ENCAJE O FILIGRANA. ESTOS ACCESORIOS MEJORAN EL ESTILO MODERNO Y URBANO DEL LOOK MIENTRAS MANTIENEN INTACTA LA ESENCIA DE CATRINA.

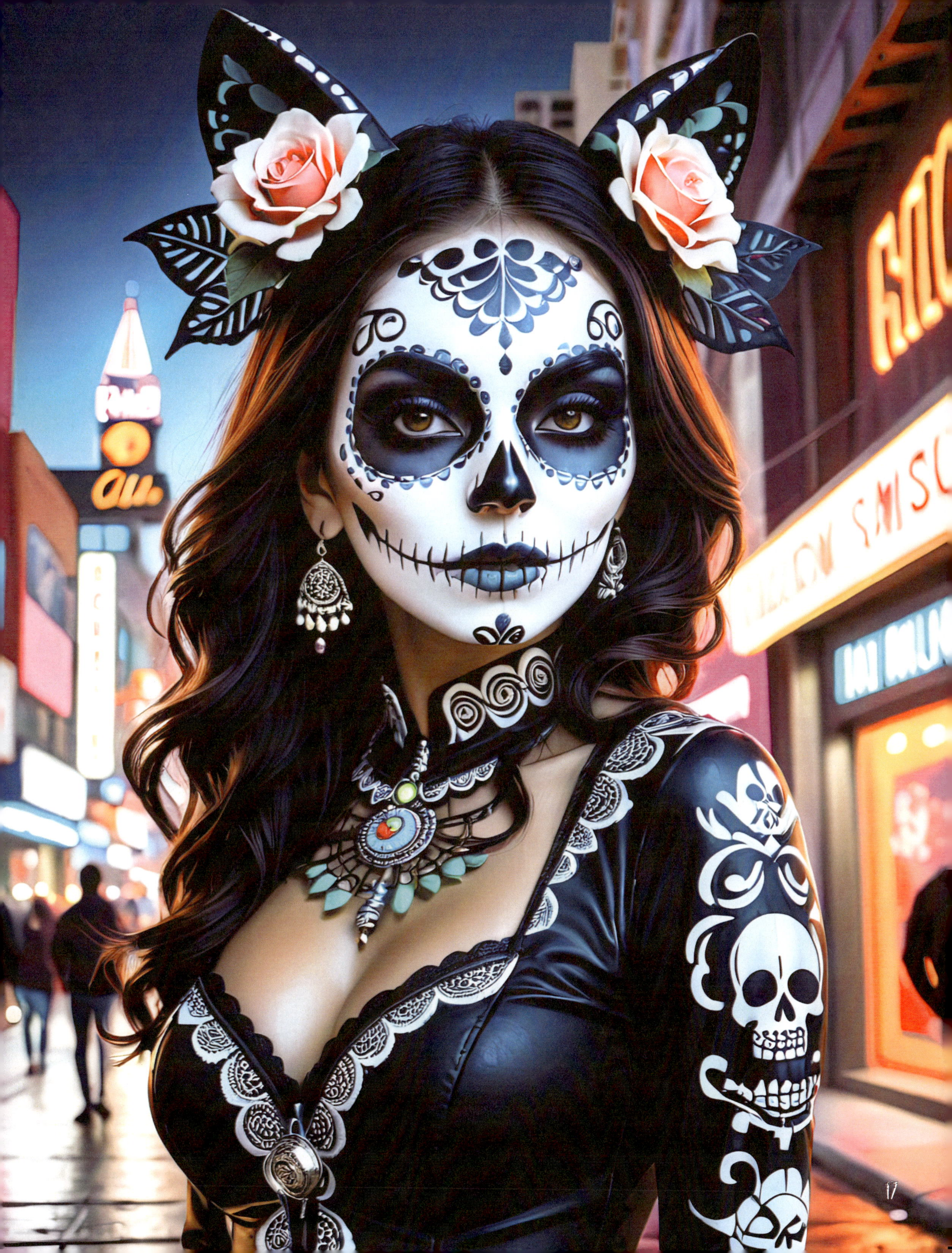

INSTRUCCIONES PASO A PASO PARA EL MAQUILLAJE:

PREPARACIÓN DE LA PIEL:

HERRAMIENTAS: PREBASE, PINTURA FACIAL BLANCA, POLVO FIJADOR TRANSLÚCIDO.

INSTRUCCIONES: COMIENZA APLICANDO UNA PREBASE PARA CREAR UNA BASE SUAVE PARA TU MAQUILLAJE. CUBRE TODO EL ROSTRO CON PINTURA FACIAL BLANCA, ASEGURÁNDOTE DE LOGRAR UNA COBERTURA UNIFORME PARA UNA BASE DE CALAVERA IMPECABLE. FIJA LA PINTURA FACIAL CON POLVO TRANSLÚCIDO PARA ASEGURAR EL MAQUILLAJE Y EVITAR QUE SE CORRA.

OJOS:

HERRAMIENTAS: SOMBRA DE OJOS NEGRA, SOMBRA DE OJOS NARANJA, DELINEADOR NEGRO, MÁSCARA DE PESTAÑAS.

INSTRUCCIONES: APLICA SOMBRA DE OJOS NEGRA ALREDEDOR DE LOS OJOS, EXTENDIÉNDOLA HACIA AFUERA EN UNA FORMA CIRCULAR PARA IMITAR LAS CUENCAS VACÍAS DE UNA CALAVERA. DIFUMINA LA SOMBRA DE OJOS NARANJA ALREDEDOR DE LOS BORDES DEL NEGRO PARA AÑADIR PROFUNDIDAD Y UN CONTRASTE LLAMATIVO. USA DELINEADOR NEGRO PARA DEFINIR LOS OJOS, DELINEANDO CUIDADOSAMENTE TODO EL CONTORNO DEL ÁREA DE LOS OJOS. TERMINA CON MÁSCARA DE PESTAÑAS PARA AÑADIR VOLUMEN Y DEFINICIÓN A LAS PESTAÑAS.

DETALLES FACIALES:

HERRAMIENTAS: PINTURA FACIAL NEGRA, PINCEL FINO, PINTURA FACIAL DE COLORES (AZUL, NARANJA).

INSTRUCCIONES: USA PINTURA FACIAL NEGRA Y UN PINCEL FINO PARA CREAR LOS DETALLES INTRINCADOS TÍPICOS DEL MAQUILLAJE DE CATRINA. COMIENZA CON DISEÑOS SIMÉTRICOS EN LA FRENTE, INCORPORANDO PATRONES FLORALES U ORNAMENTALES. AGREGA ACENTOS DE COLOR EN AZUL Y NARANJA ALREDEDOR DE LOS OJOS Y A LO LARGO DE LAS MEJILLAS PARA UN LOOK VIBRANTE Y MISTERIOSO. DIBUJA UNA SONRISA ESQUELÉTICA EXTENDIENDO LÍNEAS NEGRAS DESDE LAS COMISURAS DE LA BOCA, AGREGANDO PEQUEÑAS LÍNEAS VERTICALES A LO LARGO DE LOS LABIOS PARA IMITAR DIENTES.

NARIZ:

HERRAMIENTAS: PINTURA FACIAL NEGRA, PINCEL FINO.

INSTRUCCIONES: PINTA LA PUNTA DE LA NARIZ EN FORMA DE LÁGRIMA USANDO PINTURA FACIAL NEGRA, CREANDO LA ILUSIÓN DE LA CAVIDAD NASAL DE UNA CALAVERA. ASEGÚRATE DE QUE LOS BORDES SEAN NÍTIDOS Y LIMPIOS PARA UN ASPECTO PULIDO.

LABIOS:

HERRAMIENTAS: LÁPIZ LABIAL NEGRO, PINCEL FINO.

INSTRUCCIONES: DELINEA LOS LABIOS CON DELINEADOR NEGRO Y LUEGO RELLÉNALOS CON LÁPIZ LABIAL NEGRO. EXTIENDE LAS LÍNEAS NEGRAS DESDE LAS COMISURAS DE LA BOCA, INTEGRÁNDOLAS PERFECTAMENTE EN EL DISEÑO ESQUELÉTICO.

SUGERENCIAS PARA EL DISFRAZ:

TOCADO: UNA CORONA HECHA DE VIBRANTES ROSAS NARANJAS, QUE CONTRASTA BELLAMENTE CON EL MAQUILLAJE EN BLANCO Y NEGRO. ESTE TOCADO AÑADE UN TOQUE AUDAZ Y FESTIVO MIENTRAS MANTIENE EL TONO GÓTICO.

OUTFIT: UNA CHAQUETA DE CUERO NEGRA COMBINADA CON UN TOP ESTILO CORSÉ CON MOTIVOS DE ESQUELETO Y ROSAS. LA COMBINACIÓN DE CUERO Y ELEMENTOS FLORALES CREA UN LOOK GÓTICO IMPACTANTE, PERFECTO PARA UN ESCENARIO AL ANOCHECER O NOCTURNO.

ACCESORIOS: UN COLLAR TIPO GARGANTILLA CON ACENTOS EN NEGRO Y NARANJA, ARETES A JUEGO, Y QUIZÁS UNA PULSERA CON TEMÁTICA DE CALAVERAS O HUESOS. ESTOS ACCESORIOS MEJORAN LA ESTÉTICA GENERAL, UNIENDO LOS ELEMENTOS GÓTICOS Y FESTIVOS DEL LOOK.

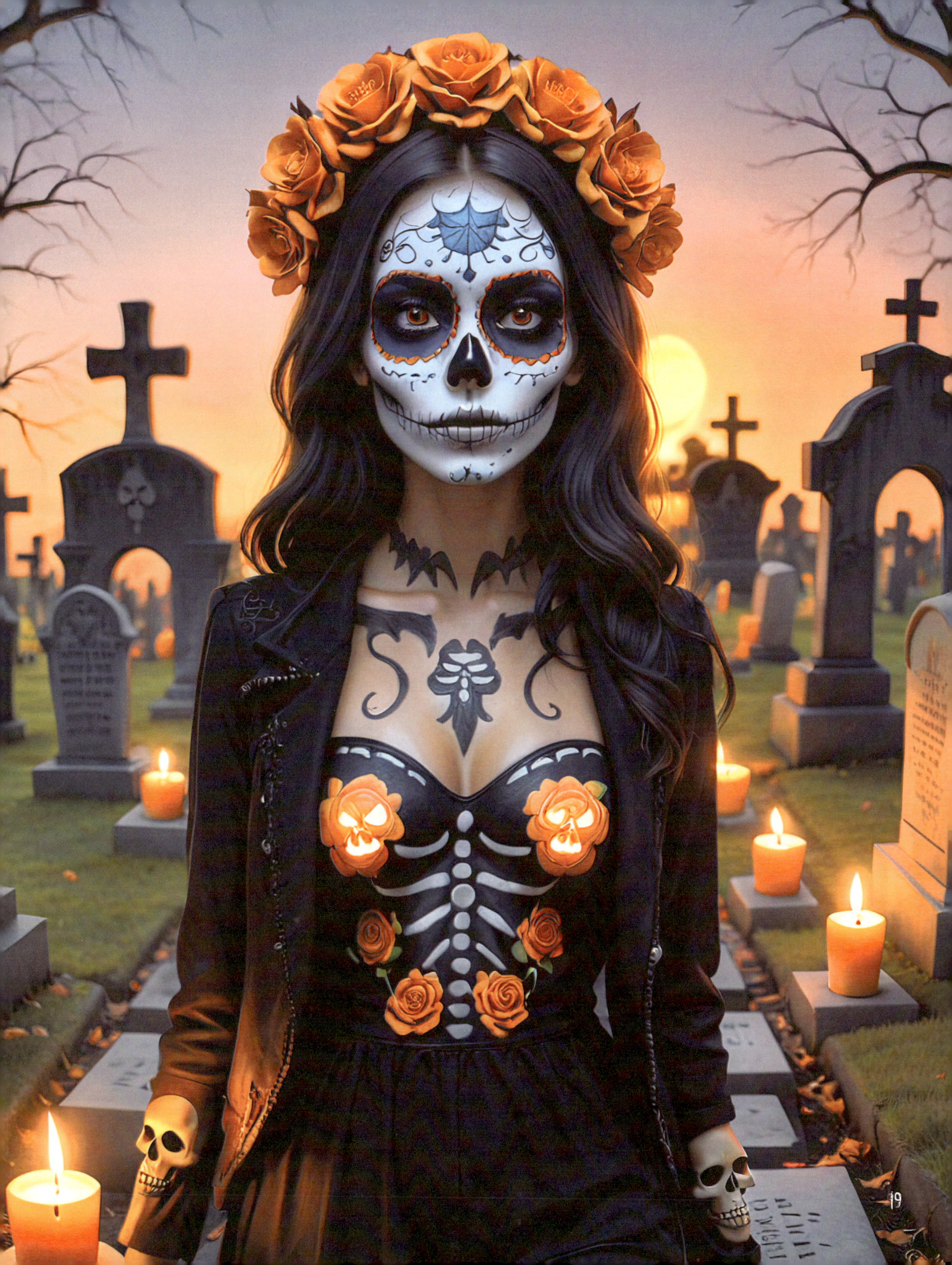

CATRINA FESTIVA: MAQUILLAJE DE CALAVERA VIBRANTE PARA UNA NOCHE DE CELEBRACIÓN

INSTRUCCIONES PASO A PASO PARA EL MAQUILLAJE:

PREPARACIÓN DE LA PIEL:

HERRAMIENTAS: PREBASE, PINTURA FACIAL BLANCA, POLVO FIJADOR TRANSLÚCIDO.

INSTRUCCIONES: COMIENZA APLICANDO UNA PREBASE PARA ASEGURAR UNA BASE SUAVE Y DURADERA. CUBRE TODO EL ROSTRO CON PINTURA FACIAL BLANCA, MEZCLÁNDOLA DE MANERA UNIFORME PARA LOGRAR UNA BASE DE CALAVERA IMPECABLE. FIJA LA PINTURA FACIAL CON POLVO TRANSLÚCIDO PARA ASEGURAR EL MAQUILLAJE Y EVITAR QUE SE CORRA.

OJOS:

HERRAMIENTAS: SOMBRA DE OJOS NEGRA, SOMBRA DE OJOS ROSA, DELINEADOR NEGRO, MÁSCARA DE PESTAÑAS.

INSTRUCCIONES: APLICA SOMBRA DE OJOS NEGRA ALREDEDOR DE LOS OJOS, EXTENDIÉNDOLA HACIA AFUERA PARA CREAR EL EFECTO DE CUENCAS OCULARES VACÍAS TÍPICO DEL MAQUILLAJE DE CATRINA. DIFUMINA SOMBRA DE OJOS ROSA ALREDEDOR DE LOS BORDES DEL NEGRO PARA AÑADIR UN TOQUE VIBRANTE Y FESTIVO. USA DELINEADOR NEGRO PARA DEFINIR LOS OJOS, DIBUJANDO UNA LÍNEA NÍTIDA Y PRECISA ALREDEDOR DE TODO EL ÁREA DE LOS OJOS. TERMINA CON MÁSCARA DE PESTAÑAS PARA REALZAR LAS PESTAÑAS, AÑADIENDO VOLUMEN Y PROFUNDIDAD.

DETALLES FACIALES:

HERRAMIENTAS: PINTURA FACIAL NEGRA, PINCEL FINO, PINTURA FACIAL DE COLORES (ROSA, AZUL, PÚRPURA).

INSTRUCCIONES: CON PINTURA FACIAL NEGRA Y UN PINCEL FINO, DIBUJA LOS DISEÑOS INTRINCADOS TÍPICOS DEL MAQUILLAJE DE CATRINA. COMIENZA CON UN PATRÓN DE TELARAÑA EN LA FRENTE, IRRADIANDO SIMÉTRICAMENTE. AGREGA ELEMENTOS DECORATIVOS COLORIDOS ALREDEDOR DE LOS OJOS Y A LO LARGO DE LAS MEJILLAS USANDO TONOS DE ROSA, AZUL Y PÚRPURA PARA UN LOOK FESTIVO Y ANIMADO. DIBUJA UNA SONRISA ESQUELÉTICA EXTENDIENDO LÍNEAS NEGRAS DESDE LAS COMISURAS DE LA BOCA Y AGREGANDO PEQUEÑAS LÍNEAS VERTICALES A LO LARGO DE LOS LABIOS PARA IMITAR DIENTES. CONSIDERA INCORPORAR DISEÑOS FLORALES U ORNAMENTALES ADICIONALES EN LA BARBILLA Y EL CUELLO PARA COMPLEMENTAR EL MAQUILLAJE GENERAL.

NARIZ:

HERRAMIENTAS: PINTURA FACIAL NEGRA, PINCEL FINO.

INSTRUCCIONES: PINTA LA PUNTA DE LA NARIZ EN FORMA DE LÁGRIMA USANDO PINTURA FACIAL NEGRA, CREANDO LA ILUSIÓN DE LA CAVIDAD NASAL DE UNA CALAVERA. ASEGÚRATE DE QUE LOS BORDES SEAN NÍTIDOS Y SIMÉTRICOS.

LABIOS:

HERRAMIENTAS: LÁPIZ LABIAL NEGRO, PINCEL FINO.

INSTRUCCIONES: DELINEA LOS LABIOS CON DELINEADOR NEGRO Y LUEGO RELLÉNALOS CON LÁPIZ LABIAL NEGRO. EXTIENDE LAS LÍNEAS NEGRAS DESDE LAS COMISURAS DE LA BOCA, INTEGRÁNDOLAS PERFECTAMENTE EN EL DISEÑO ESQUELÉTICO.

SUGERENCIAS PARA EL DISFRAZ:

TOCADO: UNA CORONA FLORAL VIBRANTE CON UNA MEZCLA DE COLORES AUDACES COMO FLORES NARANJAS, PÚRPURAS Y ROSAS. ESTE TOCADO ES ESENCIAL PARA CAPTURAR EL ESPÍRITU FESTIVO DEL LOOK DE CATRINA, AÑADIENDO UN TOQUE ALEGRE Y VIVAZ A LA APARIENCIA GENERAL.

VESTIDO: UN VESTIDO NEGRO CON MOTIVOS FLORALES Y DE CALAVERAS COLORIDOS, ESPECIALMENTE ALREDEDOR DEL ESCOTE Y EL CORPIÑO. EL VESTIDO DEBE SER ELEGANTE Y CELEBRATORIO, REFLEJANDO LA ATMÓSFERA ANIMADA DEL DÍA DE LOS MUERTOS. CONSIDERA AÑADIR DETALLES DE ENCAJE COLORIDO PARA REALZAR EL LOOK FESTIVO.

ACCESORIOS: UN COLLAR LLAMATIVO CON ELEMENTOS FLORALES Y DE ENCAJE, ARETES A JUEGO, Y POSIBLEMENTE MOTIVOS DECORATIVOS ADICIONALES EN LOS HOMBROS O BRAZOS. ESTOS ACCESORIOS DEBEN COMPLEMENTAR LOS COLORES VIBRANTES DEL TOCADO Y EL VESTIDO, CREANDO UNA APARIENCIA COHESIVA E IMPACTANTE.

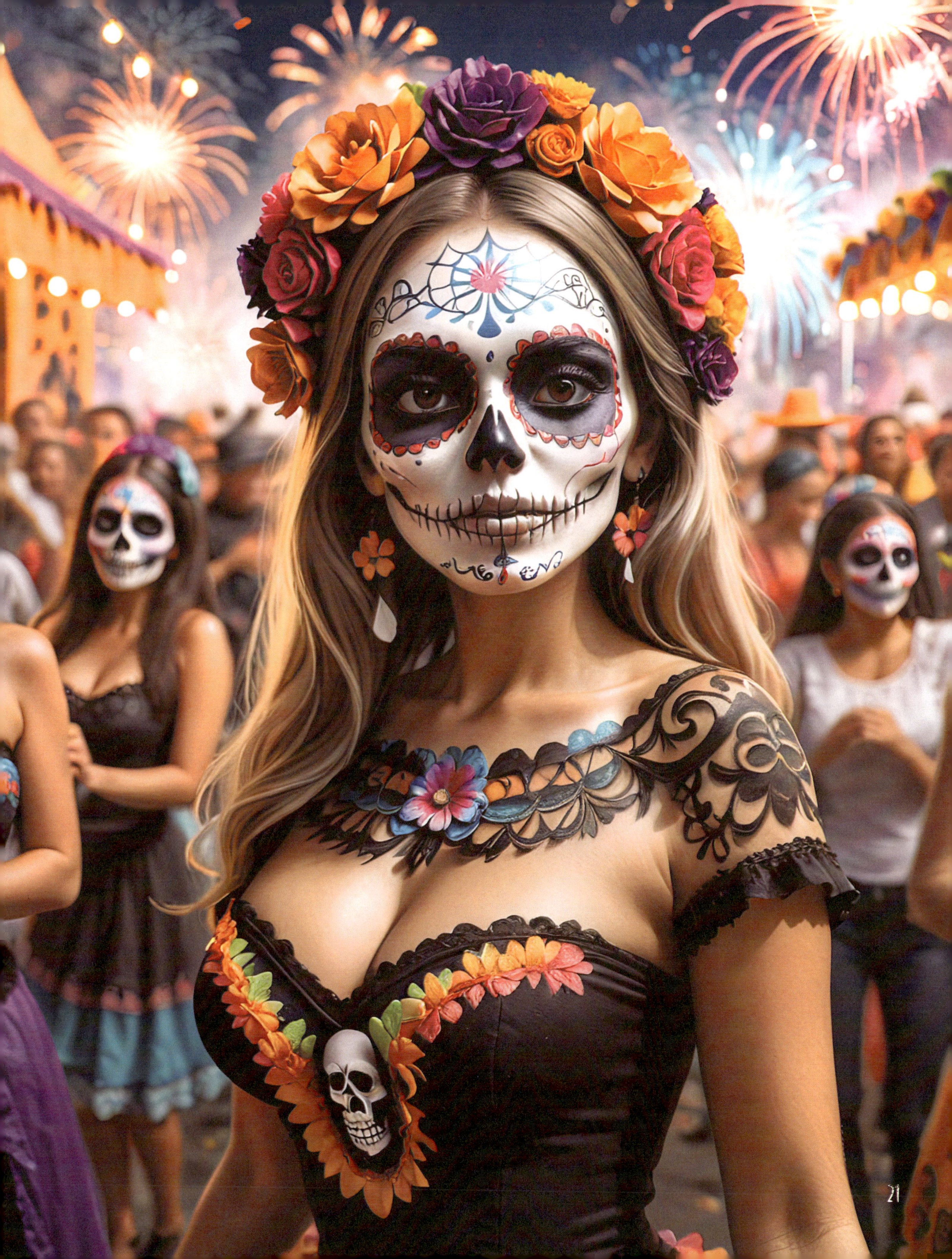

CATRINA EN UN DÍA LLUVIOSO: MAQUILLAJE ELEGANTE DE CALAVERA CON ENCANTO MELANCÓLICO

INSTRUCCIONES PASO A PASO PARA EL MAQUILLAJE:

PREPARACIÓN DE LA PIEL:

HERRAMIENTAS: PREBASE, PINTURA FACIAL BLANCA, POLVO FIJADOR TRANSLÚCIDO.

INSTRUCCIONES: COMIENZA APLICANDO UNA PREBASE PARA ASEGURAR UNA BASE SUAVE Y DURADERA. CUBRE TODO EL ROSTRO CON PINTURA FACIAL BLANCA, MEZCLÁNDOLA UNIFORMEMENTE PARA CREAR UNA BASE DE CALAVERA IMPECABLE. FIJA LA PINTURA FACIAL CON POLVO TRANSLÚCIDO PARA ASEGURAR EL MAQUILLAJE Y EVITAR QUE SE CORRA, ESPECIALMENTE EN CONDICIONES DE HUMEDAD.

OJOS:

HERRAMIENTAS: SOMBRA DE OJOS NEGRA, SOMBRA DE OJOS PÚRPURA, DELINEADOR NEGRO, MÁSCARA DE PESTAÑAS A PRUEBA DE AGUA.

INSTRUCCIONES: APLICA SOMBRA DE OJOS NEGRA ALREDEDOR DE LOS OJOS, EXTENDIÉNDOLA HACIA AFUERA PARA CREAR EL EFECTO DE CUENCAS VACÍAS TÍPICO DEL MAQUILLAJE DE CATRINA. DIFUMINA LA SOMBRA DE OJOS PÚRPURA ALREDEDOR DE LOS BORDES DEL NEGRO PARA AÑADIR PROFUNDIDAD Y UN TOQUE SUAVE Y MELANCÓLICO. USA DELINEADOR NEGRO PARA DEFINIR LOS OJOS, DIBUJANDO UNA LÍNEA PRECISA ALREDEDOR DE TODO EL ÁREA DE LOS OJOS. TERMINA CON MÁSCARA DE PESTAÑAS A PRUEBA DE AGUA PARA REALZAR LAS PESTAÑAS Y ASEGURAR QUE SE MANTENGAN VOLUMINOSAS, INCLUSO BAJO LA LLUVIA.

DETALLES FACIALES:

HERRAMIENTAS: PINTURA FACIAL NEGRA, PINCEL FINO, PINTURA FACIAL DE COLORES (PÚRPURA, AZUL, GRIS).

INSTRUCCIONES: USANDO PINTURA FACIAL NEGRA Y UN PINCEL FINO, DIBUJA LOS DETALLES INTRINCADOS TÍPICOS DEL MAQUILLAJE DE CATRINA. COMIENZA CON UN DELICADO PATRÓN DE TELARAÑA EN LA FRENTE, IRRADIANDO SIMÉTRICAMENTE. AGREGA ELEMENTOS DECORATIVOS SUTILES Y APAGADOS ALREDEDOR DE LOS OJOS Y A LO LARGO DE LAS MEJILLAS USANDO TONOS DE PÚRPURA, AZUL Y GRIS PARA UN LOOK SOMBRÍO PERO ELEGANTE. DIBUJA UNA SONRISA ESQUELÉTICA EXTENDIENDO LÍNEAS NEGRAS DESDE LAS COMISURAS DE LA BOCA Y AGREGANDO PEQUEÑAS LÍNEAS VERTICALES A LO LARGO DE LOS LABIOS PARA IMITAR DIENTES. CONSIDERA INCORPORAR MOTIVOS ADICIONALES DE GOTAS DE LLUVIA EN EL ROSTRO O EL CUELLO PARA COMPLEMENTAR EL ESCENARIO LLUVIOSO.

NARIZ:

HERRAMIENTAS: PINTURA FACIAL NEGRA, PINCEL FINO.

INSTRUCCIONES: PINTA LA PUNTA DE LA NARIZ EN FORMA DE LÁGRIMA USANDO PINTURA FACIAL NEGRA, CREANDO LA ILUSIÓN DE LA CAVIDAD NASAL DE UNA CALAVERA. ASEGÚRATE DE QUE LOS BORDES SEAN NÍTIDOS Y LIMPIOS PARA UN ASPECTO PULIDO.

LABIOS:

HERRAMIENTAS: LÁPIZ LABIAL NEGRO, PINCEL FINO.

INSTRUCCIONES: DELINEA LOS LABIOS CON DELINEADOR NEGRO Y LUEGO RELLÉNALOS CON LÁPIZ LABIAL NEGRO. EXTIENDE LAS LÍNEAS NEGRAS DESDE LAS COMISURAS DE LA BOCA, INTEGRÁNDOLAS PERFECTAMENTE EN EL DISEÑO ESQUELÉTICO.

SUGERENCIAS PARA EL DISFRAZ:

TOCADO: UNA CORONA DE FLORES EN TONOS APAGADOS DE NARANJA Y ROSA QUE AÑADEN UN TOQUE DE CALIDEZ CONTRA EL FONDO FRÍO Y LLUVIOSO. ESTE TOCADO MANTIENE LA ELEGANCIA TRADICIONAL DE CATRINA MIENTRAS SE ADAPTA A LA ATMÓSFERA MELANCÓLICA.

OUTFIT: UN VESTIDO NEGRO CON MOTIVOS SUTILES DE FLORES Y CALAVERAS, IDEALMENTE CON MATERIAL IMPERMEABLE O UNA CAPA RESISTENTE AL AGUA. EL VESTIDO DEBE SER ELEGANTE Y PRÁCTICO, CON DISEÑOS QUE COMPLEMENTEN EL MAQUILLAJE DE CATRINA. CONSIDERA AÑADIR UN PARAGUAS COMO ACCESORIO PARA COMBINAR CON EL TEMA DEL DÍA LLUVIOSO.

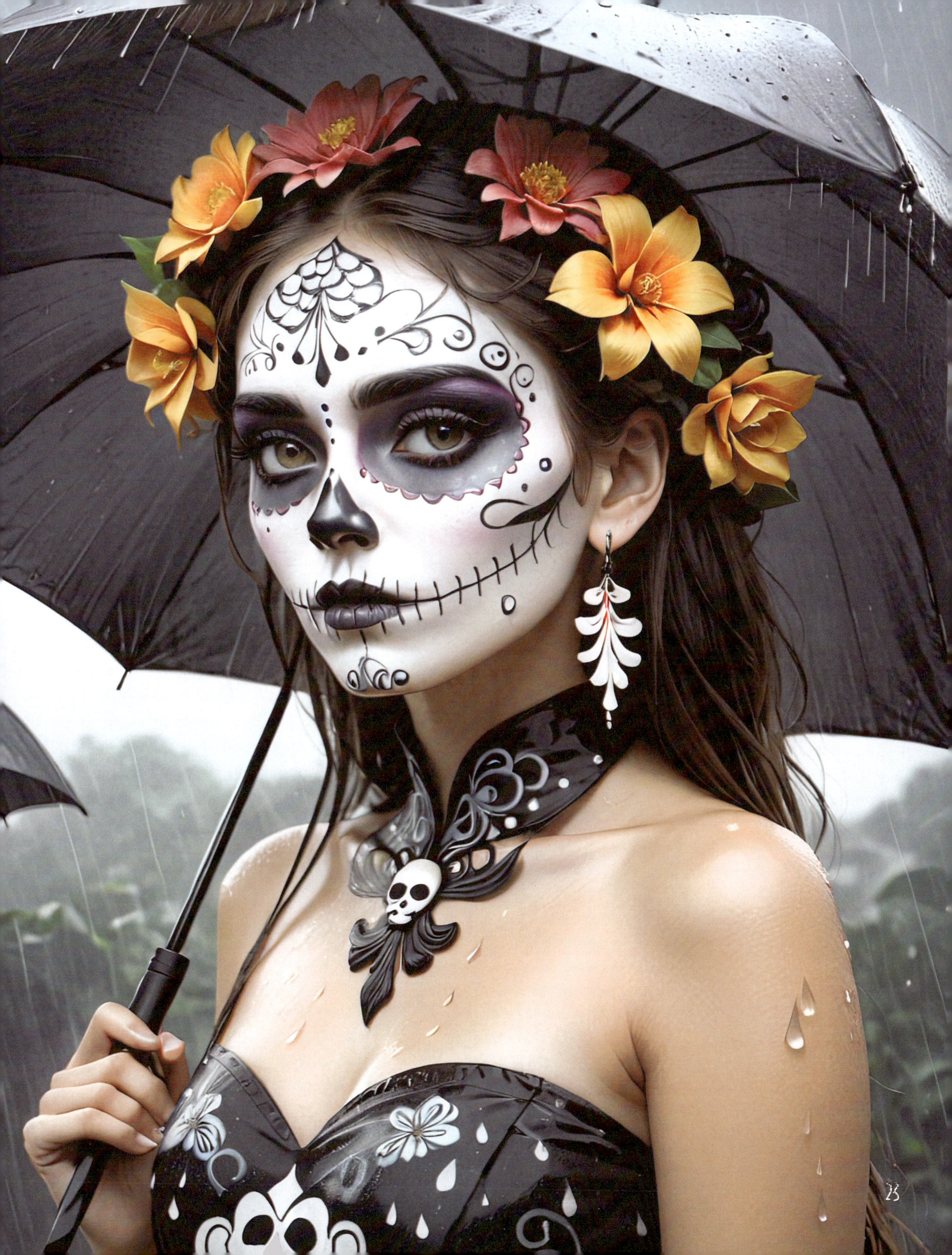

CATRINA TRADICIONAL: MAQUILLAJE DE CALAVERA VIBRANTE CON UN TOQUE DE HERENCIA MEXICANA

INSTRUCCIONES PASO A PASO PARA EL MAQUILLAJE:

PREPARACIÓN DE LA PIEL:

HERRAMIENTAS: PREBASE, PINTURA FACIAL BLANCA, POLVO FIJADOR TRANSLÚCIDO.

INSTRUCCIONES: COMIENZA APLICANDO UNA PREBASE PARA CREAR UNA BASE SUAVE Y ASEGURAR QUE EL MAQUILLAJE DURE TODO EL DÍA. CUBRE TODO EL ROSTRO CON PINTURA FACIAL BLANCA, MEZCLÁNDOLA UNIFORMEMENTE PARA LOGRAR UNA TEZ IMPECABLE, SIMILAR A LA DE UNA CALAVERA. FIJA LA PINTURA FACIAL CON POLVO TRANSLÚCIDO PARA ASEGURAR EL MAQUILLAJE Y EVITAR QUE SE CORRA.

OJOS:

HERRAMIENTAS: SOMBRA DE OJOS NEGRA, SOMBRA DE OJOS NARANJA, DELINEADOR NEGRO, MÁSCARA DE PESTAÑAS.

INSTRUCCIONES: APLICA SOMBRA DE OJOS NEGRA ALREDEDOR DE LOS OJOS, CREANDO UNA FORMA CIRCULAR PARA IMITAR LAS CUENCAS VACÍAS DE UNA CALAVERA. DIFUMINA LA SOMBRA DE OJOS NARANJA ALREDEDOR DE LOS BORDES DEL NEGRO PARA AÑADIR UN TOQUE CÁLIDO Y VIBRANTE. USA DELINEADOR NEGRO PARA DEFINIR LOS OJOS, DIBUJANDO UNA LÍNEA PRECISA ALREDEDOR DE TODA EL ÁREA DE LOS OJOS. TERMINA CON MÁSCARA DE PESTAÑAS PARA REALZAR LAS PESTAÑAS, AÑADIENDO VOLUMEN Y PROFUNDIDAD.

DETALLES FACIALES:

HERRAMIENTAS: PINTURA FACIAL NEGRA, PINCEL FINO, PINTURA FACIAL DE COLORES (AZUL, NARANJA, VERDE).

INSTRUCCIONES: USANDO PINTURA FACIAL NEGRA Y UN PINCEL FINO, DIBUJA LOS DISEÑOS INTRINCADOS TÍPICOS DEL MAQUILLAJE DE CATRINA. COMIENZA CON UN PATRÓN FLORAL EN LA FRENTE, IRRADIANDO DE MANERA SIMÉTRICA. AGREGA ELEMENTOS DECORATIVOS COLORIDOS ALREDEDOR DE LOS OJOS Y A LO LARGO DE LAS MEJILLAS USANDO TONOS DE AZUL, NARANJA Y VERDE PARA UN LOOK VIBRANTE Y FESTIVO. DIBUJA UNA SONRISA ESQUELÉTICA EXTENDIENDO LÍNEAS NEGRAS DESDE LAS COMISURAS DE LA BOCA Y AGREGANDO PEQUEÑAS LÍNEAS VERTICALES A LO LARGO DE LOS LABIOS PARA IMITAR DIENTES. CONSIDERA INCORPORAR DISEÑOS FLORALES U ORNAMENTALES ADICIONALES EN LA BARBILLA Y EL CUELLO PARA COMPLEMENTAR EL MAQUILLAJE GENERAL.

NARIZ:

HERRAMIENTAS: PINTURA FACIAL NEGRA, PINCEL FINO.

INSTRUCCIONES: PINTA LA PUNTA DE LA NARIZ EN FORMA DE LÁGRIMA USANDO PINTURA FACIAL NEGRA, CREANDO LA ILUSIÓN DE LA CAVIDAD NASAL DE UNA CALAVERA. ASEGÚRATE DE QUE LOS BORDES SEAN NÍTIDOS Y LIMPIOS PARA UN ASPECTO PULIDO.

LABIOS:

HERRAMIENTAS: LÁPIZ LABIAL NEGRO, PINCEL FINO.

INSTRUCCIONES: DELINEA LOS LABIOS CON DELINEADOR NEGRO Y LUEGO RELLÉNALOS CON LÁPIZ LABIAL NEGRO. EXTIENDE LAS LÍNEAS NEGRAS DESDE LAS COMISURAS DE LA BOCA, INTEGRÁNDOLAS PERFECTAMENTE EN EL DISEÑO ESQUELÉTICO.

SUGERENCIAS PARA EL DISFRAZ:

TOCADO: UNA CORONA FLORAL VIBRANTE CON UNA MEZCLA DE COLORES AUDACES COMO FLORES NARANJAS, ROSAS Y AZULES. ESTE TOCADO ES ESENCIAL PARA CAPTURAR EL ESPÍRITU FESTIVO DEL LOOK DE CATRINA, AÑADIENDO UN TOQUE ANIMADO Y TRADICIONAL A LA APARIENCIA GENERAL.

OUTFIT: UN VESTIDO TRADICIONAL MEXICANO CON BORDADOS FLORALES COLORIDOS Y VOLANTES QUE CAEN SOBRE LOS HOMBROS. EL VESTIDO DEBE SER ELEGANTE Y FESTIVO, REFLEJANDO LA RICA HERENCIA CULTURAL DEL DÍA DE LOS MUERTOS. CONSIDERA AÑADIR DETALLES DE ENCAJE PARA REALZAR EL LOOK TRADICIONAL.

ACCESORIOS: UNA GARGANTILLA DE ENCAJE NEGRO CON MOTIVOS DE CALAVERAS, ARETES A JUEGO, Y PATRONES FLORALES ADICIONALES EN EL PECHO O LOS HOMBROS. ESTOS ACCESORIOS DEBEN COMPLEMENTAR LOS COLORES VIBRANTES DEL TOCADO Y EL VESTIDO, CREANDO UNA APARIENCIA COHESIVA E IMPACTANTE.

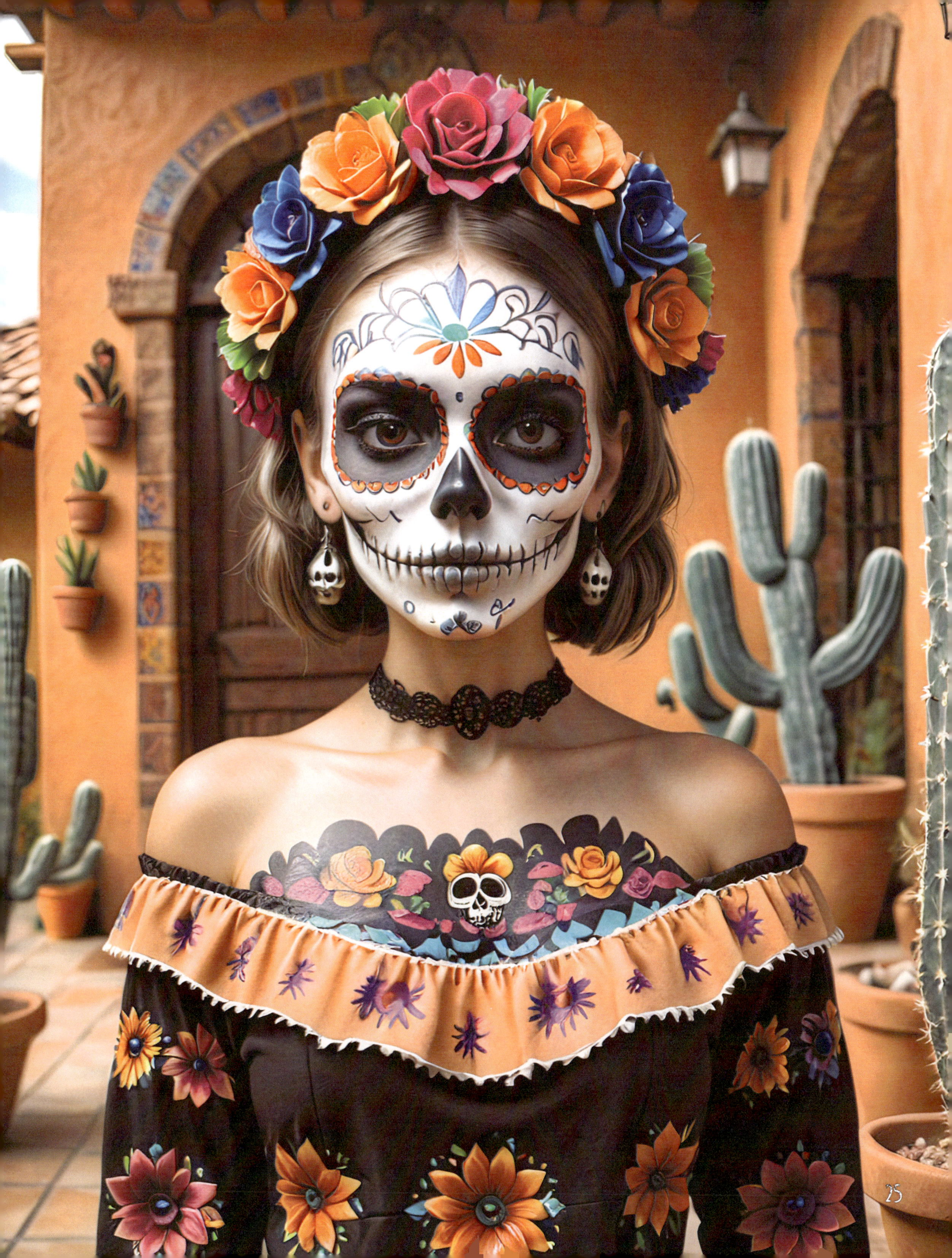

CATRINA GÓTICA: MAQUILLAJE OSCURO DE CALAVERA CON UN ACENTO FLORAL AUDAZ

INSTRUCCIONES PASO A PASO PARA EL MAQUILLAJE:

PREPARACIÓN DE LA PIEL:

HERRAMIENTAS: PREBASE, PINTURA FACIAL BLANCA, POLVO FIJADOR TRANSLÚCIDO.

INSTRUCCIONES: COMIENZA APLICANDO UNA PREBASE PARA CREAR UNA BASE SUAVE PARA TU MAQUILLAJE. CUBRE TODO EL ROSTRO CON PINTURA FACIAL BLANCA, ASEGURÁNDOTE DE LOGRAR UNA COBERTURA UNIFORME PARA UNA BASE DE CALAVERA IMPECABLE. FIJA LA PINTURA FACIAL CON POLVO TRANSLÚCIDO PARA ASEGURAR EL MAQUILLAJE Y EVITAR QUE SE CORRA.

OJOS:

HERRAMIENTAS: SOMBRA DE OJOS NEGRA, SOMBRA DE OJOS ROJA, DELINEADOR NEGRO, MÁSCARA DE PESTAÑAS.

INSTRUCCIONES: APLICA SOMBRA DE OJOS NEGRA ALREDEDOR DE LOS OJOS, CREANDO UNA FORMA CIRCULAR PARA IMITAR LAS CUENCAS VACÍAS DE UNA CALAVERA. DIFUMINA LA SOMBRA DE OJOS ROJA ALREDEDOR DE LOS BORDES DEL NEGRO PARA AÑADIR PROFUNDIDAD Y UN CONTRASTE LLAMATIVO. USA DELINEADOR NEGRO PARA DEFINIR LOS OJOS, DELINEANDO CUIDADOSAMENTE TODO EL CONTORNO DEL ÁREA DE LOS OJOS. TERMINA CON MÁSCARA DE PESTAÑAS PARA AÑADIR VOLUMEN Y DEFINICIÓN A LAS PESTAÑAS.

DETALLES FACIALES:

HERRAMIENTAS: PINTURA FACIAL NEGRA, PINCEL FINO, PINTURA FACIAL DE COLORES (ROJO, NEGRO, GRIS).

INSTRUCCIONES: USA PINTURA FACIAL NEGRA Y UN PINCEL FINO PARA CREAR LOS DETALLES INTRINCADOS TÍPICOS DEL MAQUILLAJE DE CATRINA. COMIENZA CON UN PATRÓN DE TELARAÑA EN LA FRENTE, IRRADIANDO DE MANERA SIMÉTRICA. AGREGA ELEMENTOS DECORATIVOS ALREDEDOR DE LOS OJOS Y MEJILLAS, USANDO ROJO Y NEGRO PARA REALZAR EL LOOK GÓTICO. DIBUJA UNA SONRISA ESQUELÉTICA EXTENDIENDO LÍNEAS NEGRAS DESDE LAS COMISURAS DE LA BOCA Y AGREGANDO PEQUEÑAS LÍNEAS VERTICALES A LO LARGO DE LOS LABIOS PARA IMITAR DIENTES. INCORPORA DISEÑOS FLORALES U ORNAMENTALES EN LA BARBILLA Y EL CUELLO PARA COMPLETAR EL LOOK.

NARIZ:

HERRAMIENTAS: PINTURA FACIAL NEGRA, PINCEL FINO.

INSTRUCCIONES: PINTA LA PUNTA DE LA NARIZ EN FORMA DE LÁGRIMA USANDO PINTURA FACIAL NEGRA, CREANDO LA ILUSIÓN DE LA CAVIDAD NASAL DE UNA CALAVERA. ASEGÚRATE DE QUE LOS BORDES SEAN NÍTIDOS Y LIMPIOS PARA UN ASPECTO PULIDO.

LABIOS:

HERRAMIENTAS: LÁPIZ LABIAL NEGRO, PINCEL FINO.

INSTRUCCIONES: DELINEA LOS LABIOS CON DELINEADOR NEGRO Y LUEGO RELLÉNALOS CON LÁPIZ LABIAL NEGRO. EXTIENDE LAS LÍNEAS NEGRAS DESDE LAS COMISURAS DE LA BOCA, INTEGRÁNDOLAS PERFECTAMENTE EN EL DISEÑO ESQUELÉTICO.

SUGERENCIAS PARA EL DISFRAZ:

TOCADO: UNA CORONA DE ROSAS NARANJAS AUDACES, QUE CONTRASTA BELLAMENTE CON EL MAQUILLAJE EN BLANCO Y NEGRO. ESTE TOCADO AÑADE UN TOQUE DE COLOR MIENTRAS MANTIENE LA ELEGANCIA GÓTICA DEL LOOK.

OUTFIT: UN VESTIDO NEGRO CON MOTIVOS FLORALES Y DE CALAVERAS, ESPECIALMENTE ALREDEDOR DEL CORPIÑO. LA COMBINACIÓN DE TONOS OSCUROS Y ELEMENTOS FLORALES BRILLANTES CREA UN CONTRASTE IMPACTANTE QUE REALZA EL MAQUILLAJE DE CATRINA. CONSIDERA AÑADIR DETALLES DE ENCAJE PARA ENFATIZAR EL TEMA GÓTICO.

ACCESORIOS: UNA GARGANTILLA DE ENCAJE NEGRO CON ELEMENTOS DE CALAVERAS Y FLORES, ARETES A JUEGO, Y MOTIVOS DECORATIVOS ADICIONALES EN EL PECHO O LOS HOMBROS. ESTOS ACCESORIOS DEBEN COMPLEMENTAR LA APARIENCIA OSCURA Y ELEGANTE EN GENERAL, CREANDO UN LOOK COHESIVO Y AUDAZ..

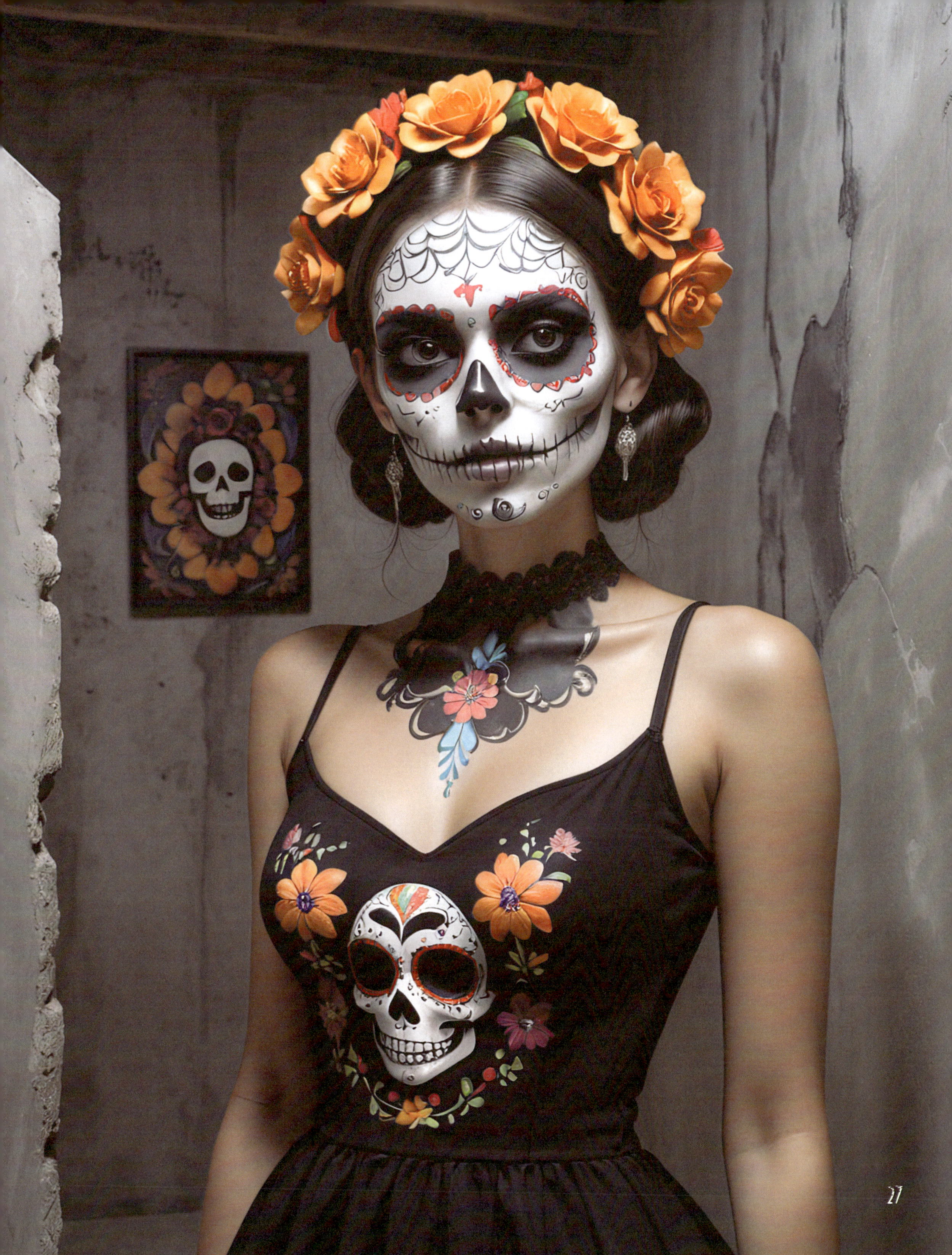

INSTRUCCIONES PASO A PASO PARA EL MAQUILLAJE:

PREPARACIÓN DE LA PIEL:

HERRAMIENTAS: PREBASE, PINTURA FACIAL BLANCA, POLVO FIJADOR TRANSLÚCIDO.

INSTRUCCIONES: COMIENZA APLICANDO UNA PREBASE PARA CREAR UNA BASE SUAVE PARA EL MAQUILLAJE. CUBRE TODO EL ROSTRO CON PINTURA FACIAL BLANCA, ASEGURÁNDOTE DE LOGRAR UNA COBERTURA UNIFORME PARA UNA BASE DE CALAVERA IMPECABLE Y RESPLANDECIENTE. FIJA LA PINTURA FACIAL CON POLVO TRANSLÚCIDO PARA ASEGURAR EL MAQUILLAJE Y EVITAR QUE SE CORRA.

OJOS:

HERRAMIENTAS: SOMBRA DE OJOS NEGRA, SOMBRA DE OJOS ROSA, DELINEADOR NEGRO, MÁSCARA DE PESTAÑAS.

INSTRUCCIONES: APLICA SOMBRA DE OJOS NEGRA ALREDEDOR DE LOS OJOS, CREANDO UNA FORMA CIRCULAR PARA IMITAR LAS CUENCAS VACÍAS DE UNA CALAVERA. DIFUMINA LA SOMBRA DE OJOS ROSA ALREDEDOR DE LOS BORDES DEL NEGRO PARA AÑADIR UN RESPLANDOR SUAVE Y VIBRANTE. USA DELINEADOR NEGRO PARA DEFINIR LOS OJOS, DIBUJANDO UNA LÍNEA PRECISA ALREDEDOR DE TODO EL CONTORNO DEL ÁREA DE LOS OJOS. TERMINA CON MÁSCARA DE PESTAÑAS PARA REALZAR LAS PESTAÑAS, AÑADIENDO VOLUMEN Y PROFUNDIDAD AL LOOK GENERAL.

DETALLES FACIALES:

HERRAMIENTAS: PINTURA FACIAL NEGRA, PINCEL FINO, PINTURA FACIAL DE COLORES (ROSA, AZUL, PÚRPURA).

INSTRUCCIONES: USA PINTURA FACIAL NEGRA Y UN PINCEL FINO PARA CREAR LOS DISEÑOS INTRINCADOS TÍPICOS DEL MAQUILLAJE DE CATRINA. COMIENZA CON UN PATRÓN FLORAL EN LA FRENTE, IRRADIANDO SIMÉTRICAMENTE. AGREGA ELEMENTOS DECORATIVOS RESPLANDECIENTES ALREDEDOR DE LOS OJOS Y A LO LARGO DE LAS MEJILLAS USANDO TONOS DE ROSA, AZUL Y PÚRPURA PARA UN LOOK MÍSTICO Y ETÉREO. DIBUJA UNA SONRISA ESQUELÉTICA EXTENDIENDO LÍNEAS NEGRAS DESDE LAS COMISURAS DE LA BOCA Y AGREGANDO PEQUEÑAS LÍNEAS VERTICALES A LO LARGO DE LOS LABIOS PARA IMITAR DIENTES. INCORPORA DISEÑOS FLORALES U ORNAMENTALES ADICIONALES RESPLANDECIENTES EN LA BARBILLA Y EL CUELLO PARA COMPLEMENTAR EL TEMA NOCTURNO.

NARIZ:

HERRAMIENTAS: PINTURA FACIAL NEGRA, PINCEL FINO.

INSTRUCCIONES: PINTA LA PUNTA DE LA NARIZ EN FORMA DE LÁGRIMA USANDO PINTURA FACIAL NEGRA, CREANDO LA ILUSIÓN DE LA CAVIDAD NASAL DE UNA CALAVERA. ASEGÚRATE DE QUE LOS BORDES SEAN NÍTIDOS Y LIMPIOS PARA UN ASPECTO PULIDO.

LABIOS:

HERRAMIENTAS: LÁPIZ LABIAL NEGRO, PINCEL FINO.

INSTRUCCIONES: DELINEA LOS LABIOS CON DELINEADOR NEGRO Y LUEGO RELLÉNALOS CON LÁPIZ LABIAL NEGRO. EXTIENDE LAS LÍNEAS NEGRAS DESDE LAS COMISURAS DE LA BOCA, INTEGRÁNDOLAS PERFECTAMENTE EN EL DISEÑO ESQUELÉTICO.

SUGERENCIAS PARA EL DISFRAZ:

TOCADO: UNA CORONA DE GRANDES FLORES RESPLANDECIENTES EN TONOS NARANJA Y ROSA QUE CONTRASTAN MARAVILLOSAMENTE CON EL ENTORNO OSCURO Y MÍSTICO. ESTE TOCADO AÑADE UN TOQUE VIBRANTE Y ETÉREO A LA APARIENCIA GENERAL, REALZANDO EL TEMA NOCTURNO.

OUTFIT: UN BODYSUIT NEGRO CON MOTIVOS FLORALES Y ESQUELÉTICOS RESPLANDECIENTES. LA COMBINACIÓN DE TONOS OSCUROS CON ELEMENTOS LUMINOSOS CREA UN CONTRASTE IMPACTANTE QUE COMPLEMENTA PERFECTAMENTE EL MAQUILLAJE DE CATRINA. CONSIDERA AÑADIR DETALLES RESPLANDECIENTES ADICIONALES EN LAS MANGAS Y EL CUELLO PARA ENFATIZAR EL AMBIENTE MÍSTICO Y DE OTRO MUNDO.

ACCESORIOS: UN COLLAR LLAMATIVO CON ELEMENTOS RESPLANDECIENTES, ARETES A JUEGO Y, QUIZÁS, PATRONES FLORALES RESPLANDECIENTES ADICIONALES EN EL PECHO O LOS HOMBROS. ESTOS ACCESORIOS DEBEN REALZAR LA ESTÉTICA ETÉREA GENERAL, CREANDO UNA APARIENCIA COHESIVA Y FASCINANTE.

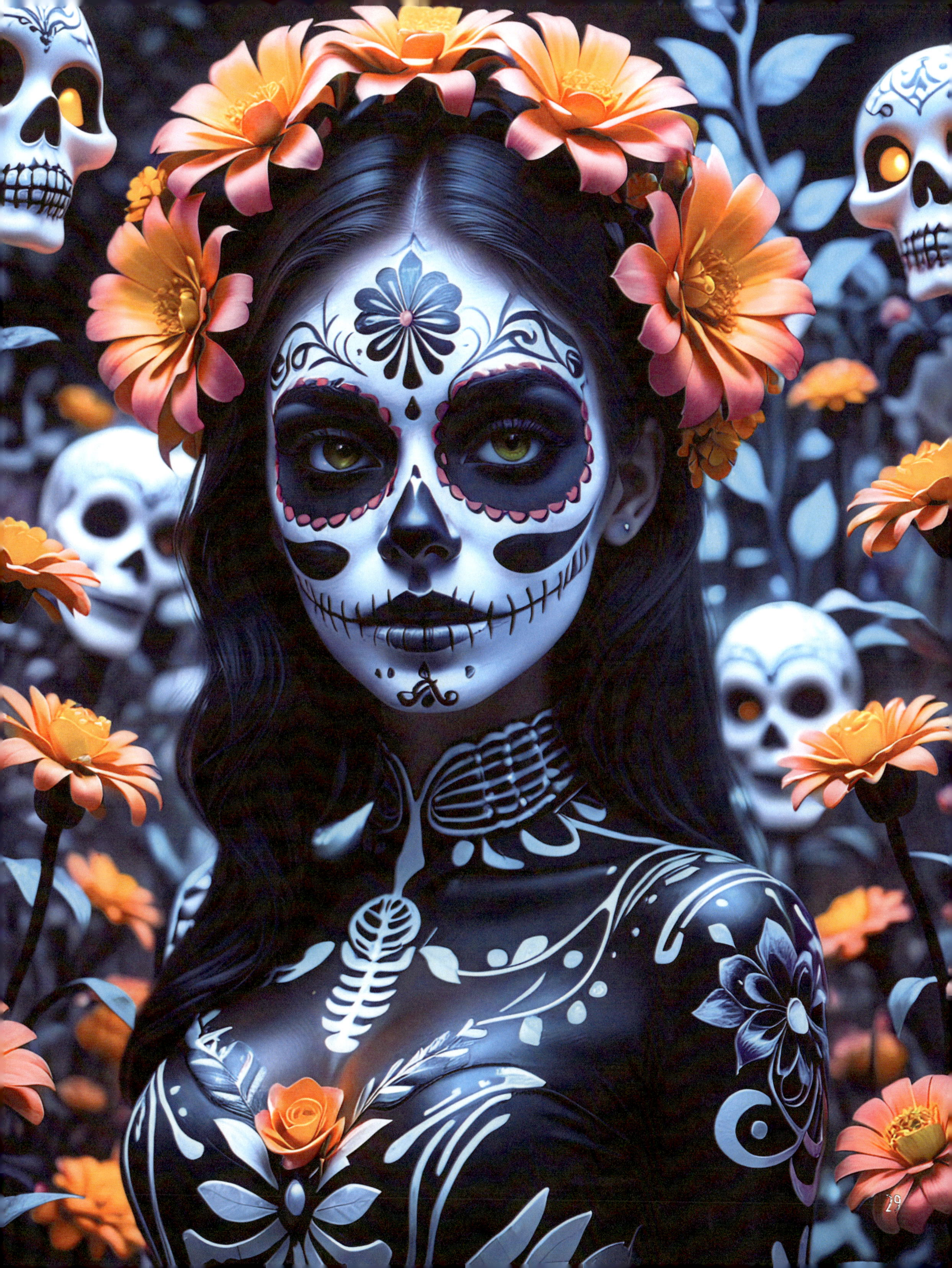

CATRINA DE MEDIANOCHE EN FLOR: MAQUILLAJE ELEGANTE DE CALAVERA ENTRE RESPLANDORES

INSTRUCCIONES PASO A PASO PARA EL MAQUILLAJE:

PREPARACIÓN DE LA PIEL:

HERRAMIENTAS: PREBASE, PINTURA FACIAL BLANCA, POLVO FIJADOR TRANSLÚCIDO.

INSTRUCCIONES: COMIENZA APLICANDO UNA PREBASE PARA CREAR UNA BASE SUAVE Y DURADERA. CUBRE TODO EL ROSTRO CON PINTURA FACIAL BLANCA, MEZCLÁNDOLA UNIFORMEMENTE PARA LOGRAR UNA BASE DE CALAVERA FANTASMAL Y PERFECTA. FIJA LA PINTURA FACIAL CON POLVO TRANSLÚCIDO PARA ASEGURARTE DE QUE EL MAQUILLAJE SE MANTENGA EN SU LUGAR DURANTE TODA LA NOCHE.

OJOS:

HERRAMIENTAS: SOMBRA DE OJOS NEGRA, SOMBRA DE OJOS ROSA, DELINEADOR NEGRO, MÁSCARA DE PESTAÑAS.

INSTRUCCIONES: APLICA SOMBRA DE OJOS NEGRA ALREDEDOR DE LOS OJOS, CREANDO UN EFECTO HUNDIDO TÍPICO DEL MAQUILLAJE DE CATRINA. DIFUMINA LA SOMBRA DE OJOS ROSA ALREDEDOR DE LOS BORDES DEL NEGRO PARA AÑADIR UN CONTRASTE SUAVE Y VIBRANTE. USA DELINEADOR NEGRO PARA DEFINIR LOS OJOS, DELINEANDO CUIDADOSAMENTE TODO EL CONTORNO DEL ÁREA DE LOS OJOS. TERMINA CON MÁSCARA DE PESTAÑAS PARA REALZAR LAS PESTAÑAS, AÑADIENDO VOLUMEN Y PROFUNDIDAD AL LOOK GENERAL.

DETALLES FACIALES:

HERRAMIENTAS: PINTURA FACIAL NEGRA, PINCEL FINO, PINTURA FACIAL DE COLORES (ROSA, AZUL, VERDE).

INSTRUCCIONES: USANDO PINTURA FACIAL NEGRA Y UN PINCEL FINO, CREA DISEÑOS INTRINCADOS TÍPICOS DEL MAQUILLAJE DE CATRINA. COMIENZA CON UN PATRÓN SIMÉTRICO DE TELARAÑA EN LA FRENTE. AGREGA ELEMENTOS DETALLADOS Y COLORIDOS ALREDEDOR DE LOS OJOS Y LAS MEJILLAS USANDO TONOS DE ROSA, AZUL Y VERDE PARA UN EFECTO VIBRANTE Y FLORECIENTE. DIBUJA UNA SONRISA ESQUELÉTICA EXTENDIENDO LÍNEAS NEGRAS DESDE LAS COMISURAS DE LA BOCA Y AGREGANDO PEQUEÑAS LÍNEAS VERTICALES A LO LARGO DE LOS LABIOS PARA IMITAR DIENTES. INCORPORA DISEÑOS FLORALES EN LA BARBILLA Y EL CUELLO PARA COMPLEMENTAR LA CORONA FLORAL Y EL ENTORNO DEL JARDÍN NOCTURNO.

NARIZ:

HERRAMIENTAS: PINTURA FACIAL NEGRA, PINCEL FINO.

INSTRUCCIONES: PINTA LA PUNTA DE LA NARIZ EN FORMA DE LÁGRIMA USANDO PINTURA FACIAL NEGRA, CREANDO LA ILUSIÓN DE LA CAVIDAD NASAL DE UNA CALAVERA. ASEGÚRATE DE QUE LOS BORDES SEAN LIMPIOS Y SIMÉTRICOS.

LABIOS:

HERRAMIENTAS: LÁPIZ LABIAL NEGRO, PINCEL FINO.

INSTRUCCIONES: DELINEA LOS LABIOS CON DELINEADOR NEGRO Y LUEGO RELLÉNALOS CON LÁPIZ LABIAL NEGRO. EXTIENDE LAS LÍNEAS NEGRAS DESDE LAS COMISURAS DE LA BOCA, INTEGRÁNDOLAS PERFECTAMENTE EN EL DISEÑO ESQUELÉTICO.

SUGERENCIAS PARA EL DISFRAZ:

TOCADO: UNA CORONA FLORAL HECHA DE FLORES VIBRANTES EN TONOS DE NARANJA, ROSA Y PÚRPURA, QUE COMPLEMENTAN LOS DETALLES COLORIDOS DEL MAQUILLAJE. ESTE TOCADO AÑADE UN TOQUE DE ELEGANCIA Y VITALIDAD AL LOOK GENERAL.

OUTFIT: UN VESTIDO NEGRO O BODYSUIT CON INTRINCADOS MOTIVOS FLORALES Y BLANCOS QUE REFLEJAN EL DISEÑO DEL MAQUILLAJE. EL ATUENDO DEBE SER ELEGANTE Y MAJESTUOSO, CON DETALLES DE ENCAJE Y ELEMENTOS SUTILES QUE RESALTEN EL TEMA DE LA MEDIANOCHE.

ACCESORIOS: UN COLLAR LLAMATIVO CON ELEMENTOS FLORALES Y DE ENCAJE, ARETES A JUEGO, Y QUIZÁS DISEÑOS FLORALES ADICIONALES EN EL PECHO O LOS HOMBROS. ESTOS ACCESORIOS DEBEN ARMONIZAR CON EL TOCADO Y EL ATUENDO, CREANDO UNA APARIENCIA COHESIVA Y ENCANTADORA.

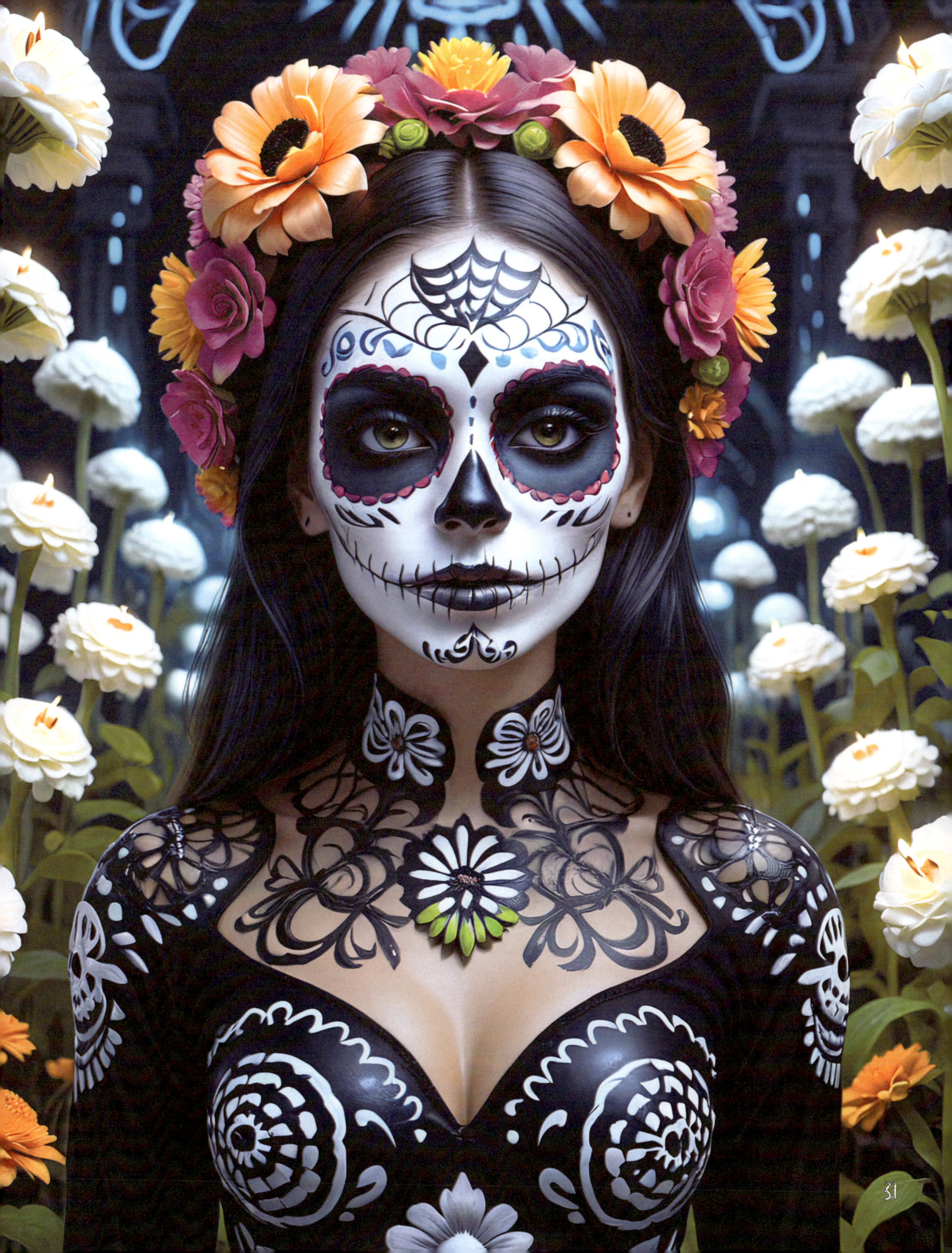

CATRINA GALáCTICA: MAQUILLAJE CóSMICO DE CALAVERA EN UN PAISAJE DE OTRO MUNDO

INSTRUCCIONES PASO A PASO PARA EL MAQUILLAJE:

PREPARACIóN DE LA PIEL:

HERRAMIENTAS: PREBASE, PINTURA FACIAL AZUL, POLVO FIJADOR TRANSLúCIDO.

INSTRUCCIONES: COMIENZA APLICANDO UNA PREBASE PARA CREAR UNA BASE SUAVE PARA EL MAQUILLAJE. CUBRE TODO EL ROSTRO Y LA PARTE SUPERIOR DEL CUERPO CON PINTURA FACIAL AZUL, MEZCLáNDOLA UNIFORMEMENTE PARA LOGRAR UNA BASE CóSMICA Y PERFECTA. FIJA LA PINTURA FACIAL CON POLVO TRANSLúCIDO PARA ASEGURAR EL MAQUILLAJE Y EVITAR QUE SE CORRA.

OJOS:

HERRAMIENTAS: SOMBRA DE OJOS NEGRA, SOMBRA DE OJOS PúRPURA, DELINEADOR NEGRO, MáSCARA DE PESTAñAS.

INSTRUCCIONES: APLICA SOMBRA DE OJOS NEGRA ALREDEDOR DE LOS OJOS, CREANDO UNA FORMA CIRCULAR PARA IMITAR LAS CUENCAS VACíAS DE UNA CALAVERA. DIFUMINA LA SOMBRA DE OJOS PúRPURA ALREDEDOR DE LOS BORDES DEL NEGRO PARA AñADIR PROFUNDIDAD Y UN RESPLANDOR GALáCTICO MISTERIOSO. USA DELINEADOR NEGRO PARA DEFINIR LOS OJOS, DIBUJANDO UNA LíNEA PRECISA ALREDEDOR DE TODO EL CONTORNO DEL áREA DE LOS OJOS. TERMINA CON MáSCARA DE PESTAñAS PARA REALZAR LAS PESTAñAS, AñADIENDO VOLUMEN E INTENSIDAD.

DETALLES FACIALES:

HERRAMIENTAS: PINTURA FACIAL NEGRA, PINCEL FINO, PINTURA FACIAL DE COLORES (PúRPURA, ROSA, BLANCO).

INSTRUCCIONES: USANDO PINTURA FACIAL NEGRA Y UN PINCEL FINO, CREA DISEñOS CóSMICOS INTRINCADOS TíPICOS DEL MAQUILLAJE DE CATRINA. COMIENZA CON UN PATRóN DE TELARAñA EN LA FRENTE, EXTENDIéNDOSE SIMéTRICAMENTE. AGREGA ELEMENTOS DECORATIVOS RESPLANDECIENTES ALREDEDOR DE LOS OJOS Y A LO LARGO DE LAS MEJILLAS USANDO TONOS DE PúRPURA, ROSA Y BLANCO PARA CREAR UN EFECTO CELESTIAL. DIBUJA UNA SONRISA ESQUELéTICA EXTENDIENDO LíNEAS NEGRAS DESDE LAS COMISURAS DE LA BOCA Y AGREGANDO PEQUEñAS LíNEAS VERTICALES A LO LARGO DE LOS LABIOS PARA IMITAR DIENTES. INCORPORA DISEñOS ADICIONALES DE TEMáTICA ESPACIAL, COMO ESTRELLAS O PLANETAS, EN LA BARBILLA Y EL CUELLO PARA REALZAR EL TEMA CóSMICO.

NARIZ:

HERRAMIENTAS: PINTURA FACIAL NEGRA, PINCEL FINO.

INSTRUCCIONES: PINTA LA PUNTA DE LA NARIZ EN FORMA DE LáGRIMA USANDO PINTURA FACIAL NEGRA, CREANDO LA ILUSIóN DE LA CAVIDAD NASAL DE UNA CALAVERA. ASEGúRATE DE QUE LOS BORDES SEAN NíTIDOS Y LIMPIOS PARA UN ASPECTO PULIDO.

LABIOS:

HERRAMIENTAS: LáPIZ LABIAL NEGRO, PINCEL FINO.

INSTRUCCIONES: DELINEA LOS LABIOS CON DELINEADOR NEGRO Y LUEGO RELLéNALOS CON LáPIZ LABIAL NEGRO. EXTIENDE LAS LíNEAS NEGRAS DESDE LAS COMISURAS DE LA BOCA, INTEGRáNDOLAS PERFECTAMENTE EN EL DISEñO ESQUELéTICO.

SUGERENCIAS PARA EL DISFRAZ:

TOCADO: UNA CORONA FLORAL HECHA DE FLORES VIBRANTES EN TONOS DE NARANJA Y PúRPURA QUE COMPLEMENTAN EL MAQUILLAJE CóSMICO Y AñADEN UN TOQUE DE NATURALEZA AL ENTORNO DE OTRO MUNDO. EL TOCADO CONTRASTA MARAVILLOSAMENTE CON EL TONO DE PIEL AZUL, AñADIENDO UN TOQUE DE COLOR AL LOOK GALáCTICO.

OUTFIT: UN BODYSUIT O PARTE SUPERIOR DEL CUERPO PINTADA CON MOTIVOS CóSMICOS Y ESQUELéTICOS, INCORPORANDO ELEMENTOS COMO ESTRELLAS, PLANETAS Y AGUJEROS NEGROS. EL DISEñO DEBE SER ELEGANTE Y ETéREO, MEZCLANDO LA TRADICIóN DE CATRINA CON UNA ESTéTICA FUTURISTA E INSPIRADA EN EL ESPACIO.

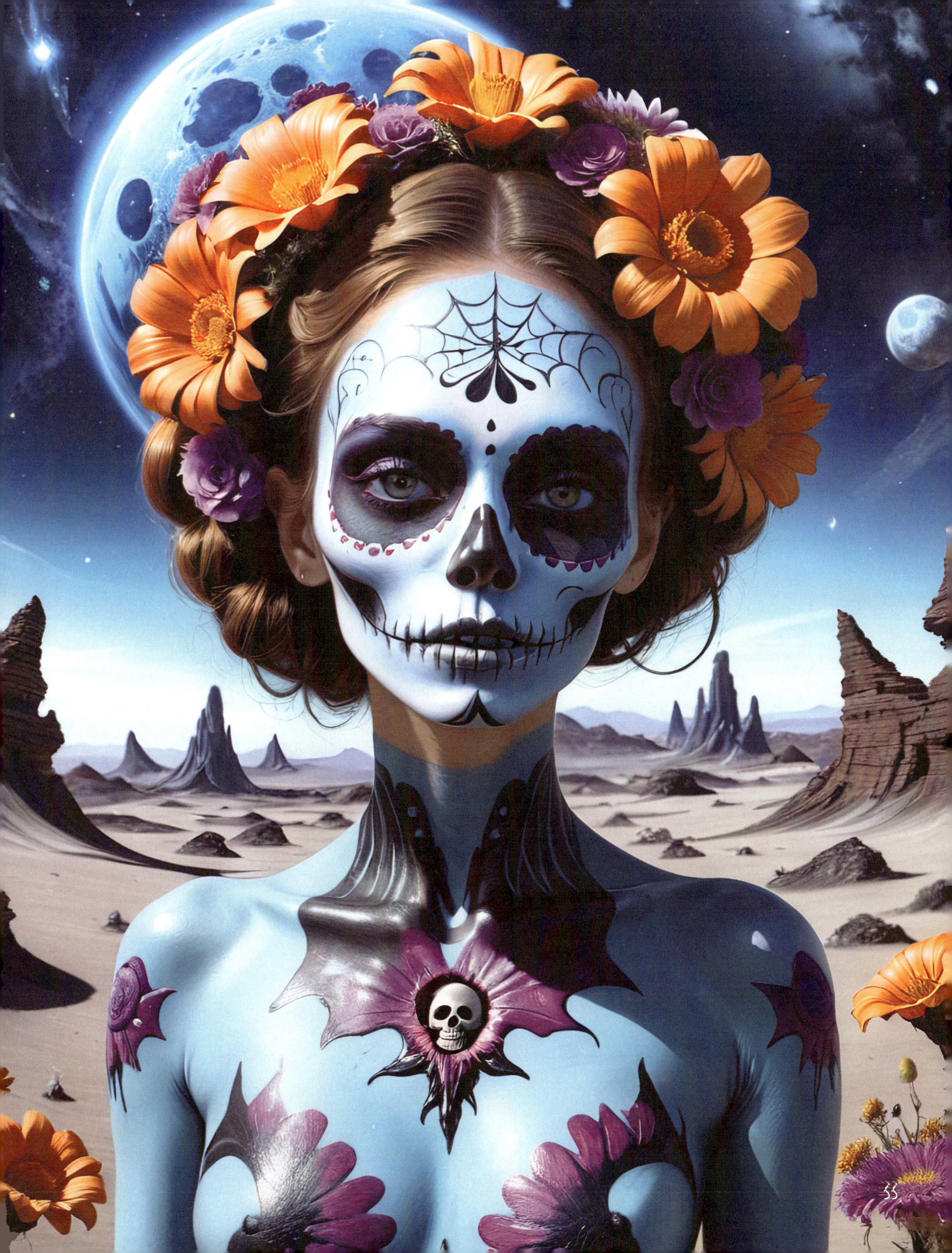

CATRINA LUNAR: MAQUILLAJE ETÉREO DE CALAVERA BAJO UN CIELO CÓSMICO

INSTRUCCIONES PASO A PASO PARA EL MAQUILLAJE:

PREPARACIÓN DE LA PIEL:

HERRAMIENTAS: PREBASE, PINTURA FACIAL BLANCA, POLVO FIJADOR TRANSLÚCIDO.

INSTRUCCIONES: COMIENZA APLICANDO UNA PREBASE PARA CREAR UNA BASE SUAVE Y DURADERA. CUBRE TODO EL ROSTRO Y LA PARTE SUPERIOR DEL CUERPO CON PINTURA FACIAL BLANCA, MEZCLÁNDOLA UNIFORMEMENTE PARA LOGRAR UNA BASE DE CALAVERA ETÉREA E IMPECABLE. FIJA LA PINTURA FACIAL CON POLVO FIJADOR TRANSLÚCIDO PARA ASEGURAR EL MAQUILLAJE Y EVITAR QUE SE CORRA.

OJOS:

HERRAMIENTAS: SOMBRA DE OJOS NEGRA, SOMBRA DE OJOS PÚRPURA, DELINEADOR NEGRO, MÁSCARA DE PESTAÑAS.

INSTRUCCIONES: APLICA SOMBRA DE OJOS NEGRA ALREDEDOR DE LOS OJOS, CREANDO UN EFECTO PROFUNDO Y HUECO TÍPICO DEL MAQUILLAJE DE CATRINA. DIFUMINA LA SOMBRA DE OJOS PÚRPURA ALREDEDOR DE LOS BORDES DEL NEGRO PARA AÑADIR PROFUNDIDAD Y UN RESPLANDOR CÓSMICO. USA DELINEADOR NEGRO PARA DEFINIR LOS OJOS, DIBUJANDO UNA LÍNEA PRECISA ALREDEDOR DE TODO EL CONTORNO DEL ÁREA DE LOS OJOS. TERMINA CON MÁSCARA DE PESTAÑAS PARA REALZAR LAS PESTAÑAS, AÑADIENDO VOLUMEN E INTENSIDAD.

DETALLES FACIALES:

HERRAMIENTAS: PINTURA FACIAL NEGRA, PINCEL FINO, PINTURA FACIAL DE COLORES (PÚRPURA, AZUL, BLANCO).

INSTRUCCIONES: USANDO PINTURA FACIAL NEGRA Y UN PINCEL FINO, CREA DISEÑOS INTRINCADOS QUE REFLEJEN EL TEMA CÓSMICO. COMIENZA CON UN PATRÓN SIMÉTRICO EN LA FRENTE, INCORPORANDO ELEMENTOS CELESTIALES COMO ESTRELLAS O LUNAS. AGREGA ELEMENTOS DECORATIVOS RESPLANDECIENTES ALREDEDOR DE LOS OJOS Y A LO LARGO DE LAS MEJILLAS USANDO TONOS DE PÚRPURA, AZUL Y BLANCO PARA UN EFECTO LUNAR. DIBUJA UNA SONRISA ESQUELÉTICA EXTENDIENDO LÍNEAS NEGRAS DESDE LAS COMISURAS DE LA BOCA Y AGREGANDO PEQUEÑAS LÍNEAS VERTICALES A LO LARGO DE LOS LABIOS PARA IMITAR DIENTES. INCORPORA DISEÑOS ADICIONALES DE TEMÁTICA ESPACIAL, COMO COMETAS O CONSTELACIONES, EN LA BARBILLA Y EL CUELLO PARA REALZAR EL TEMA CÓSMICO.

NARIZ:

HERRAMIENTAS: PINTURA FACIAL NEGRA, PINCEL FINO.

INSTRUCCIONES: PINTA LA PUNTA DE LA NARIZ EN FORMA DE LÁGRIMA USANDO PINTURA FACIAL NEGRA, CREANDO LA ILUSIÓN DE LA CAVIDAD NASAL DE UNA CALAVERA. ASEGÚRATE DE QUE LOS BORDES SEAN NÍTIDOS Y LIMPIOS PARA UN ASPECTO PULIDO.

LABIOS:

HERRAMIENTAS: LÁPIZ LABIAL NEGRO, PINCEL FINO.

INSTRUCCIONES: DELINEA LOS LABIOS CON DELINEADOR NEGRO Y LUEGO RELLÉNALOS CON LÁPIZ LABIAL NEGRO. EXTIENDE LAS LÍNEAS NEGRAS DESDE LAS COMISURAS DE LA BOCA, INTEGRÁNDOLAS PERFECTAMENTE EN EL DISEÑO ESQUELÉTICO.

SUGERENCIAS PARA EL DISFRAZ:

TOCADO: UNA CORONA FLORAL HECHA DE FLORES VIBRANTES EN TONOS DE NARANJA Y AZUL QUE CONTRASTA MARAVILLOSAMENTE CON EL MAQUILLAJE CÓSMICO Y EL FONDO LUNAR. EL TOCADO AÑADE UN TOQUE DE NATURALEZA AL ENTORNO DE OTRO MUNDO, REALZANDO EL LOOK ETÉREO.

OUTFIT: UN BODYSUIT O PARTE SUPERIOR DEL CUERPO PINTADA CON MOTIVOS CÓSMICOS Y ESQUELÉTICOS, INCORPORANDO ELEMENTOS COMO ESTRELLAS, PLANETAS Y GALAXIAS. EL DISEÑO DEBE SER ELEGANTE Y MÍSTICO, MEZCLANDO LA TRADICIÓN DE CATRINA CON UNA ESTÉTICA FUTURISTA E INSPIRADA EN EL ESPACIO.

ACCESORIOS: UN COLLAR LLAMATIVO CON ELEMENTOS CÓSMICOS, ARETES A JUEGO, Y TAL VEZ DETALLES RESPLANDECIENTES ADICIONALES EN EL CUELLO O LOS HOMBROS. ESTOS ACCESORIOS DEBEN REALZAR EL TEMA LUNAR GENERAL, CREANDO UNA APARIENCIA COHESIVA Y FASCINANTE.

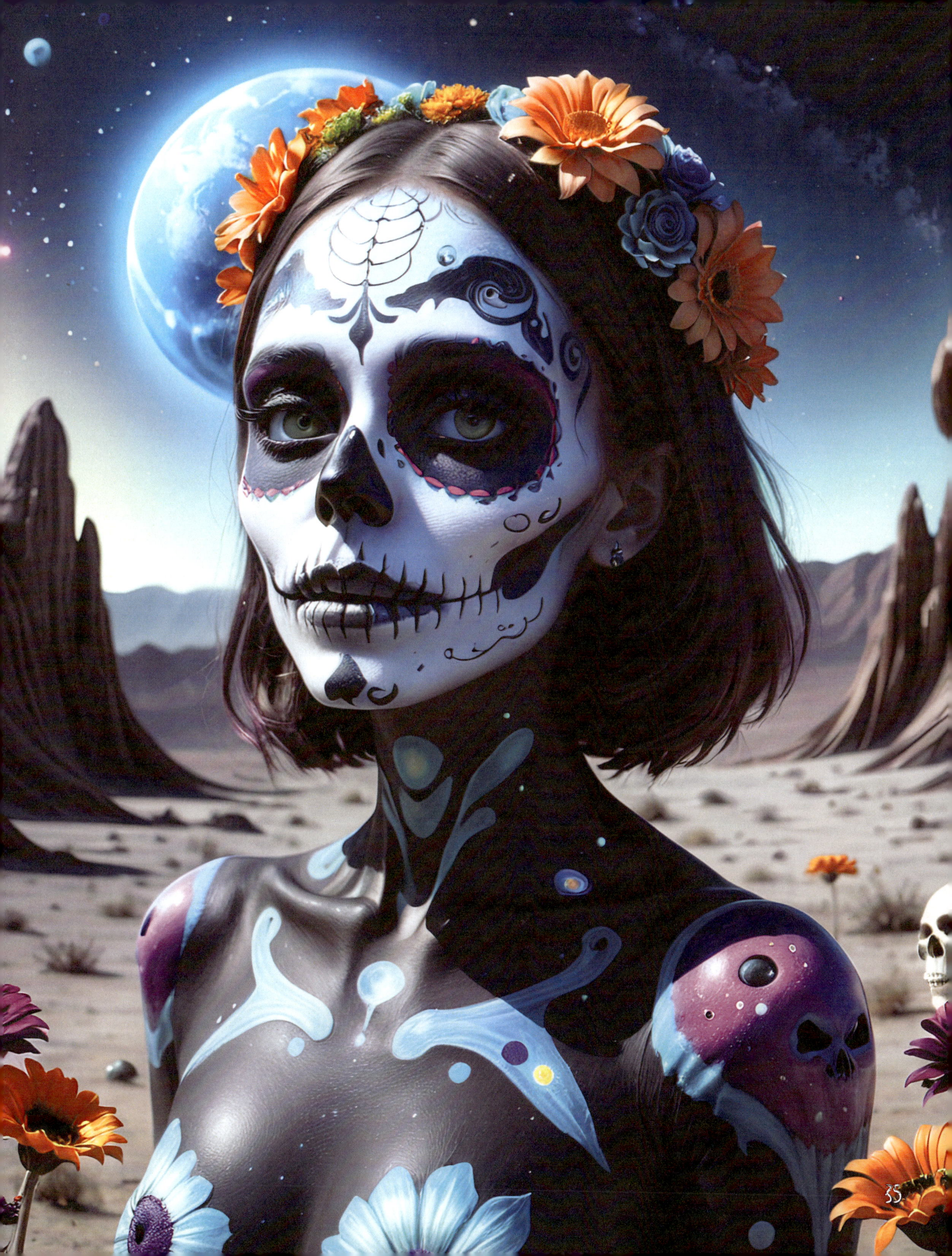

CATRINA CIBERNÉTICA: MAQUILLAJE DE CALAVERA FUTURISTA EN UN MUNDO DE ALTA TECNOLOGÍA

INSTRUCCIONES PASO A PASO PARA EL MAQUILLAJE:

PREPARACIÓN DE LA PIEL:

HERRAMIENTAS: PREBASE, PINTURA FACIAL BLANCA, POLVO FIJADOR TRANSLÚCIDO.

INSTRUCCIONES: COMIENZA APLICANDO UNA PREBASE PARA CREAR UNA BASE SUAVE Y DURADERA. CUBRE TODO EL ROSTRO CON PINTURA FACIAL BLANCA, MEZCLÁNDOLA UNIFORMEMENTE PARA LOGRAR UNA TEZ IMPECABLE, SIMILAR A LA DE UNA CALAVERA ROBÓTICA. FIJA LA PINTURA FACIAL CON POLVO TRANSLÚCIDO PARA ASEGURAR EL MAQUILLAJE Y EVITAR QUE SE CORRA.

OJOS:

HERRAMIENTAS: SOMBRA DE OJOS NEGRA, SOMBRA DE OJOS ROJA, DELINEADOR NEGRO, MÁSCARA DE PESTAÑAS.

INSTRUCCIONES: APLICA SOMBRA DE OJOS NEGRA ALREDEDOR DE LOS OJOS, CREANDO UN EFECTO HUECO Y MECÁNICO TÍPICO DEL MAQUILLAJE DE CATRINA. DIFUMINA LA SOMBRA DE OJOS ROJA ALREDEDOR DE LOS BORDES DEL NEGRO PARA AÑADIR INTENSIDAD Y UN RESPLANDOR FUTURISTA. USA DELINEADOR NEGRO PARA DEFINIR LOS OJOS, DIBUJANDO UNA LÍNEA NÍTIDA Y PRECISA ALREDEDOR DE TODO EL CONTORNO DEL ÁREA DE LOS OJOS. TERMINA CON MÁSCARA DE PESTAÑAS PARA REALZAR LAS PESTAÑAS, AÑADIENDO VOLUMEN Y PROFUNDIDAD AL LOOK GENERAL.

DETALLES FACIALES:

HERRAMIENTAS: PINTURA FACIAL NEGRA, PINCEL FINO, PINTURA FACIAL DE COLORES (ROJO, PLATEADO, METÁLICO).

INSTRUCCIONES: USANDO PINTURA FACIAL NEGRA Y UN PINCEL FINO, CREA DISEÑOS INTRINCADOS QUE COMBINEN ELEMENTOS TRADICIONALES DE CATRINA CON UN GIRO FUTURISTA. COMIENZA CON UN PATRÓN SIMÉTRICO EN LA FRENTE, INCORPORANDO ACENTOS METÁLICOS Y DETALLES ROBÓTICOS. AGREGA ELEMENTOS DECORATIVOS RESPLANDECIENTES ALREDEDOR DE LOS OJOS Y LAS MEJILLAS USANDO TONOS DE ROJO, PLATEADO Y METÁLICO PARA UN EFECTO DE ALTA TECNOLOGÍA. DIBUJA UNA SONRISA ESQUELÉTICA EXTENDIENDO LÍNEAS NEGRAS DESDE LAS COMISURAS DE LA BOCA Y AGREGANDO PEQUEÑAS LÍNEAS VERTICALES A LO LARGO DE LOS LABIOS PARA IMITAR DIENTES. INCORPORA DISEÑOS ADICIONALES CON TEMÁTICA CIBERNÉTICA, COMO PATRONES DE CIRCUITOS O ELEMENTOS MECÁNICOS, EN LA BARBILLA Y EL CUELLO PARA REALZAR EL TEMA FUTURISTA.

NARIZ:

HERRAMIENTAS: PINTURA FACIAL NEGRA, PINCEL FINO.

INSTRUCCIONES: PINTA LA PUNTA DE LA NARIZ EN FORMA DE LÁGRIMA USANDO PINTURA FACIAL NEGRA, CREANDO LA ILUSIÓN DE LA CAVIDAD NASAL DE UNA CALAVERA ROBÓTICA. ASEGÚRATE DE QUE LOS BORDES SEAN NÍTIDOS Y LIMPIOS PARA UN ASPECTO PULIDO Y MECÁNICO.

LABIOS:

HERRAMIENTAS: LÁPIZ LABIAL NEGRO, PINCEL FINO.

INSTRUCCIONES: DELINEA LOS LABIOS CON DELINEADOR NEGRO Y LUEGO RELLÉNALOS CON LÁPIZ LABIAL NEGRO. EXTIENDE LAS LÍNEAS NEGRAS DESDE LAS COMISURAS DE LA BOCA, INTEGRÁNDOLAS PERFECTAMENTE EN EL DISEÑO ESQUELÉTICO.

SUGERENCIAS PARA EL DISFRAZ:

TOCADO: UNA COMBINACIÓN DE ELEMENTOS FLORALES TRADICIONALES CON MEJORAS CIBERNÉTICAS, COMO ROSAS METÁLICAS O FLORES ILUMINADAS CON LED. ESTE TOCADO AÑADE UNA MEZCLA ÚNICA DE TRADICIÓN Y TECNOLOGÍA, REALZANDO EL LOOK FUTURISTA DE CATRINA.

OUTFIT: UN BODYSUIT AJUSTADO CON PANELES TIPO ARMADURA Y ACENTOS LUMINOSOS. EL DISEÑO DEBE COMBINAR MOTIVOS FLORALES TRADICIONALES CON ELEMENTOS DE ALTA TECNOLOGÍA, CREANDO UN CONTRASTE VISUAL IMPACTANTE QUE REFLEJE LA FUSIÓN DEL PASADO Y EL FUTURO.

ACCESORIOS: UNA GARGANTILLA CON ELEMENTOS CIBERNÉTICOS Y FLORALES, ARETES A JUEGO, Y POSIBLEMENTE DETALLES MECÁNICOS ADICIONALES EN LOS HOMBROS O EL PECHO. ESTOS ACCESORIOS DEBEN REALZAR EL TEMA CIBERNÉTICO GENERAL, CREANDO UNA APARIENCIA COHESIVA Y PODEROSA.

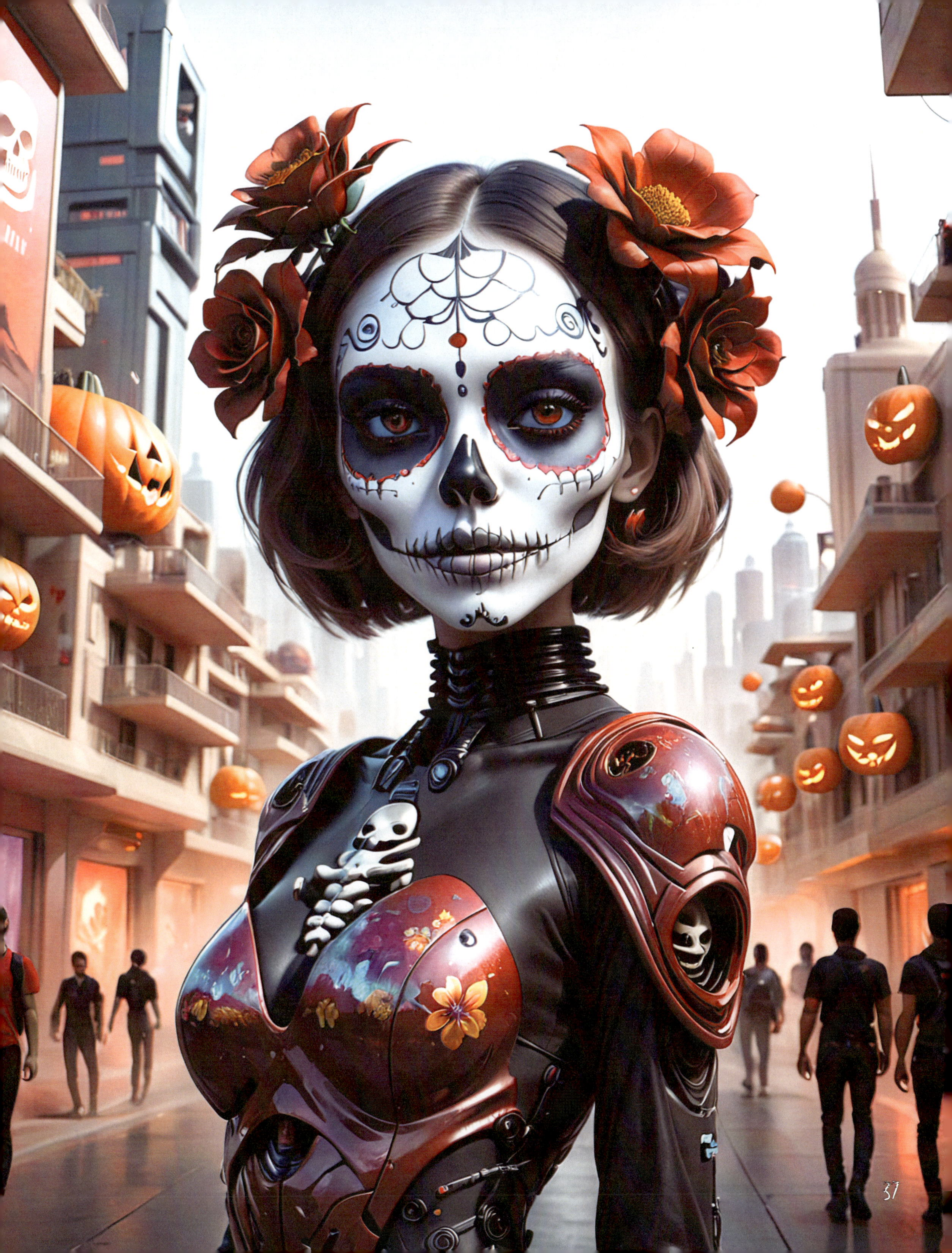

INSTRUCCIONES PASO A PASO PARA EL MAQUILLAJE:

PREPARACIÓN DE LA PIEL:

HERRAMIENTAS: PREBASE, PINTURA FACIAL BLANCA, POLVO FIJADOR TRANSLÚCIDO.

INSTRUCCIONES: COMIENZA APLICANDO UNA PREBASE PARA CREAR UNA BASE SUAVE Y UNIFORME PARA TU MAQUILLAJE. CUBRE TODO EL ROSTRO CON PINTURA FACIAL BLANCA, MEZCLÁNDOLA UNIFORMEMENTE PARA LOGRAR UN EFECTO DE CALAVERA ILUMINADA POR LA LUNA. FIJA LA PINTURA FACIAL CON POLVO TRANSLÚCIDO PARA ASEGURAR QUE EL MAQUILLAJE SE MANTENGA INTACTO Y LIBRE DE MANCHAS.

OJOS:

HERRAMIENTAS: SOMBRA DE OJOS NEGRA, SOMBRA DE OJOS GRIS, DELINEADOR NEGRO, MÁSCARA DE PESTAÑAS.

INSTRUCCIONES: APLICA SOMBRA DE OJOS NEGRA ALREDEDOR DE LOS OJOS, EXTENDIÉNDOLA HACIA AFUERA PARA CREAR PROFUNDAS CUENCAS VACÍAS. DIFUMINA LA SOMBRA DE OJOS GRIS ALREDEDOR DE LOS BORDES DEL NEGRO PARA AÑADIR PROFUNDIDAD Y UN EFECTO FRÍO, LUNAR. USA DELINEADOR NEGRO PARA DEFINIR LOS OJOS, DIBUJANDO UNA LÍNEA NÍTIDA Y PRECISA ALREDEDOR DE TODA EL ÁREA DE LOS OJOS. TERMINA CON MÁSCARA DE PESTAÑAS PARA AÑADIR VOLUMEN E INTENSIDAD A LAS PESTAÑAS.

DETALLES FACIALES:

HERRAMIENTAS: PINTURA FACIAL NEGRA, PINCEL FINO, PINTURA FACIAL DE COLORES (GRIS, BLANCO, PLATEADO).

INSTRUCCIONES: USA PINTURA FACIAL NEGRA Y UN PINCEL FINO PARA CREAR DISEÑOS INTRINCADOS QUE EVOQUEN EL MISTERIO DEL PAISAJE ILUMINADO POR LA LUNA. COMIENZA CON UN DISEÑO SIMÉTRICO EN LA FRENTE, INCORPORANDO ELEMENTOS LUNARES COMO CRECIENTES Y ESTRELLAS. AGREGA ELEMENTOS DECORATIVOS ALREDEDOR DE LOS OJOS Y A LO LARGO DE LAS MEJILLAS USANDO TONOS DE GRIS, BLANCO Y PLATEADO PARA REFLEJAR EL AMBIENTE FRÍO Y FANTASMAL. DIBUJA UNA SONRISA ESQUELÉTICA EXTENDIENDO LÍNEAS NEGRAS DESDE LAS COMISURAS DE LA BOCA Y AGREGANDO PEQUEÑAS LÍNEAS VERTICALES A LO LARGO DE LOS LABIOS PARA IMITAR DIENTES. INCORPORA DISEÑOS ADICIONALES CON TEMÁTICA LUNAR EN LA BARBILLA Y EL CUELLO PARA REALZAR LA ESTÉTICA LUNAR GENERAL.

NARIZ:

HERRAMIENTAS: PINTURA FACIAL NEGRA, PINCEL FINO.

INSTRUCCIONES: PINTA LA PUNTA DE LA NARIZ EN FORMA DE LÁGRIMA USANDO PINTURA FACIAL NEGRA, CREANDO LA ILUSIÓN DE LA CAVIDAD NASAL DE UNA CALAVERA. ASEGÚRATE DE QUE LOS BORDES SEAN NÍTIDOS Y LIMPIOS PARA UN ASPECTO PULIDO Y ESPELUZNANTE.

LABIOS:

HERRAMIENTAS: LÁPIZ LABIAL NEGRO, PINCEL FINO.

INSTRUCCIONES: DELINEA LOS LABIOS CON DELINEADOR NEGRO Y LUEGO RELLÉNALOS CON LÁPIZ LABIAL NEGRO. EXTIENDE LAS LÍNEAS NEGRAS DESDE LAS COMISURAS DE LA BOCA, INTEGRÁNDOLAS PERFECTAMENTE EN EL DISEÑO ESQUELÉTICO.

SUGERENCIAS PARA EL DISFRAZ:

TOCADO: UN TOCADO SIMPLE PERO LLAMATIVO QUE PRESENTA PEQUEÑAS FLORES NARANJAS QUE CONTRASTAN CON EL PAISAJE ILUMINADO POR LA LUNA Y AÑADEN UN TOQUE DE COLOR AL TEMA MONOCROMÁTICO.

OUTFIT: UN BODYSUIT AJUSTADO CON MOTIVOS ESQUELÉTICOS QUE INCORPORAN ELEMENTOS TRIDIMENSIONALES COMO CALAVERAS EN RELIEVE EN EL PECHO. EL DISEÑO DEBE SER ESPELUZNANTE Y DE OTRO MUNDO, REFLEJANDO EL DESOLADO PAISAJE LUNAR.

ACCESORIOS: UNA GARGANTILLA CON PEQUEÑOS CRÁNEOS O SÍMBOLOS LUNARES, ARETES A JUEGO Y DECORACIONES ADICIONALES CON TEMÁTICA LUNAR EN LOS HOMBROS O BRAZOS. ESTOS ACCESORIOS DEBEN COMPLEMENTAR EL TEMA GENERAL, CREANDO UNA APARIENCIA COHESIVA Y ATERRADORA.

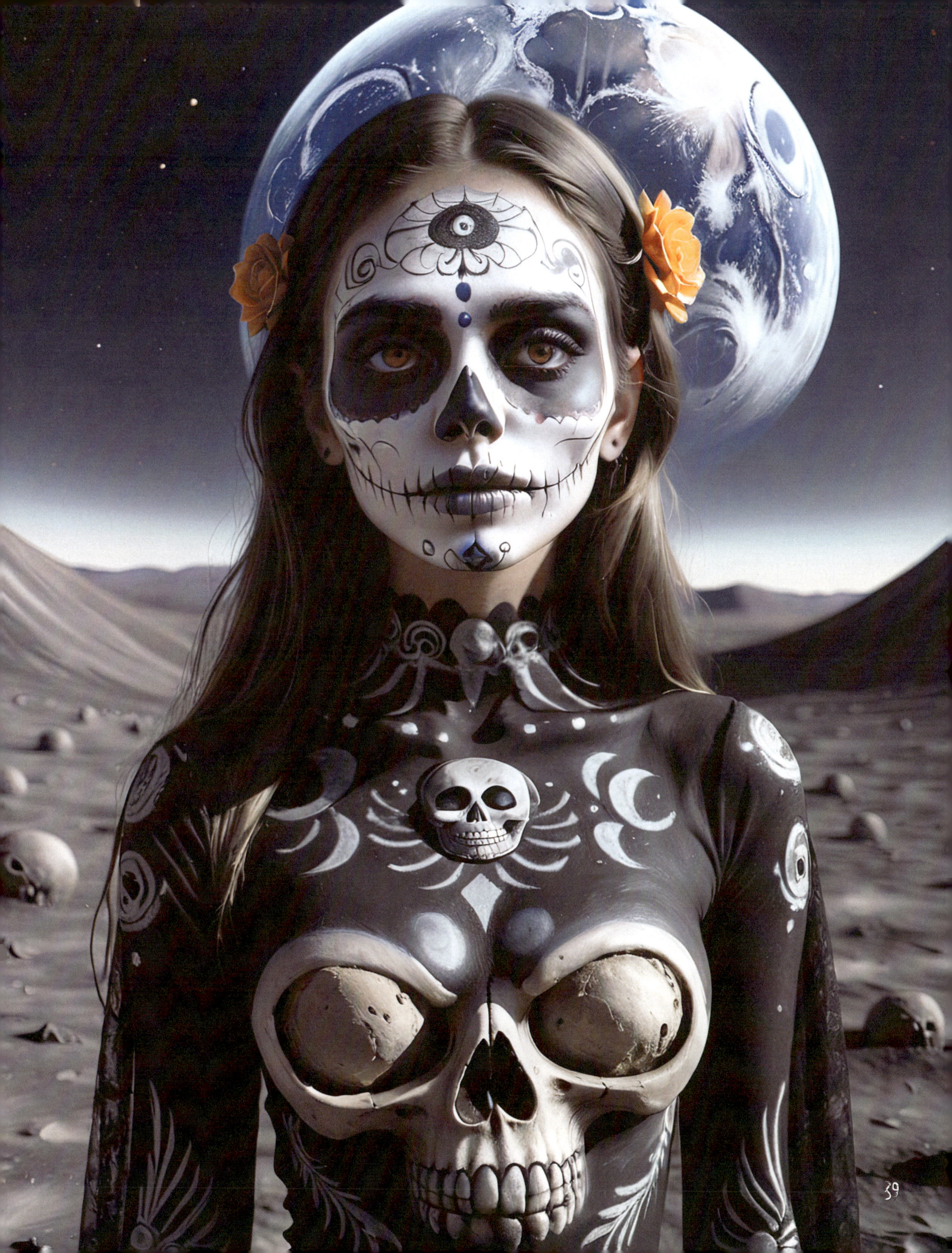

INSTRUCCIONES PASO A PASO PARA EL MAQUILLAJE:

PREPARACIÓN DE LA PIEL:

HERRAMIENTAS: PREBASE, PINTURA FACIAL BLANCA, POLVO FIJADOR TRANSLÚCIDO.

INSTRUCCIONES: COMIENZA APLICANDO UNA PREBASE PARA CREAR UNA BASE SUAVE PARA EL MAQUILLAJE. CUBRE TODO EL ROSTRO Y LA PARTE SUPERIOR DEL CUERPO CON PINTURA FACIAL BLANCA, MEZCLÁNDOLA UNIFORMEMENTE PARA LOGRAR UN EFECTO DE CALAVERA FANTASMAL Y PULIDO. FIJA LA PINTURA FACIAL CON POLVO FIJADOR TRANSLÚCIDO PARA ASEGURAR QUE EL MAQUILLAJE SE MANTENGA EN SU LUGAR Y LIBRE DE MANCHAS.

OJOS:

HERRAMIENTAS: SOMBRA DE OJOS NEGRA, SOMBRA DE OJOS GRIS, DELINEADOR NEGRO, MÁSCARA DE PESTAÑAS.

INSTRUCCIONES: APLICA SOMBRA DE OJOS NEGRA ALREDEDOR DE LOS OJOS, CREANDO CUENCAS PROFUNDAS Y HUECAS TÍPICAS DEL MAQUILLAJE DE CATRINA. DIFUMINA LA SOMBRA DE OJOS GRIS ALREDEDOR DE LOS BORDES DEL NEGRO PARA AÑADIR PROFUNDIDAD Y UN EFECTO FRÍO Y LUNAR. USA DELINEADOR NEGRO PARA DEFINIR LOS OJOS, DIBUJANDO UNA LÍNEA PRECISA ALREDEDOR DE TODA EL ÁREA DE LOS OJOS. TERMINA CON MÁSCARA DE PESTAÑAS PARA REALZAR LAS PESTAÑAS, AÑADIENDO VOLUMEN E INTENSIDAD.

DETALLES FACIALES:

HERRAMIENTAS: PINTURA FACIAL NEGRA, PINCEL FINO, PINTURA FACIAL DE COLORES (GRIS, BLANCO, PLATEADO).

INSTRUCCIONES: USANDO PINTURA FACIAL NEGRA Y UN PINCEL FINO, CREA DISEÑOS INTRINCADOS QUE COMBINEN MOTIVOS TRADICIONALES DE CATRINA CON ELEMENTOS LUNARES. COMIENZA CON UN PATRÓN SIMÉTRICO EN LA FRENTE, INCORPORANDO LUNAS CRECIENTES Y ESTRELLAS. AGREGA ELEMENTOS DECORATIVOS ALREDEDOR DE LOS OJOS Y A LO LARGO DE LAS MEJILLAS USANDO TONOS DE GRIS, BLANCO Y PLATEADO PARA EVOCAR LA ATMÓSFERA FRÍA Y FANTASMAL DEL YERMO LUNAR. DIBUJA UNA SONRISA ESQUELÉTICA EXTENDIENDO LÍNEAS NEGRAS DESDE LAS COMISURAS DE LA BOCA Y AGREGANDO PEQUEÑAS LÍNEAS VERTICALES A LO LARGO DE LOS LABIOS PARA IMITAR DIENTES. INCORPORA DISEÑOS ADICIONALES CON TEMÁTICA DE CALAVERAS EN LA BARBILLA Y EL CUELLO PARA REALZAR LA ESTÉTICA LUNAR GENERAL.

NARIZ:

HERRAMIENTAS: PINTURA FACIAL NEGRA, PINCEL FINO.

INSTRUCCIONES: PINTA LA PUNTA DE LA NARIZ EN FORMA DE LÁGRIMA USANDO PINTURA FACIAL NEGRA, CREANDO LA ILUSIÓN DE LA CAVIDAD NASAL DE UNA CALAVERA. ASEGÚRATE DE QUE LOS BORDES SEAN NÍTIDOS Y LIMPIOS PARA UN ASPECTO PULIDO Y ESPELUZNANTE.

LABIOS:

HERRAMIENTAS: LÁPIZ LABIAL NEGRO, PINCEL FINO.

INSTRUCCIONES: DELINEA LOS LABIOS CON DELINEADOR NEGRO Y LUEGO RELLÉNALOS CON LÁPIZ LABIAL NEGRO. EXTIENDE LAS LÍNEAS NEGRAS DESDE LAS COMISURAS DE LA BOCA, INTEGRÁNDOLAS PERFECTAMENTE EN EL DISEÑO ESQUELÉTICO.

SUGERENCIAS PARA EL DISFRAZ:

TOCADO: UN TOCADO FLORAL MINIMALISTA CON PEQUEÑAS FLORES NARANJAS QUE CONTRASTEN CON EL OSCURO PAISAJE LUNAR, AÑADIENDO UN TOQUE DE COLOR AL TEMA MONOCROMÁTICO.

OUTFIT: UN BODYSUIT NEGRO O UNA PARTE SUPERIOR PINTADA CON INTRINCADOS MOTIVOS DE CALAVERAS Y LUNAS, DISEÑADO PARA REFLEJAR EL DESOLADO ENTORNO LUNAR. EL DISEÑO DEBE INCLUIR ELEMENTOS TRIDIMENSIONALES DE CALAVERAS PARA REALZAR LA APARIENCIA ESPELUZNANTE Y DE OTRO MUNDO.

ACCESORIOS: UNA GARGANTILLA CON MOTIVOS DE LUNAS Y CALAVERAS, ARETES A JUEGO, Y DECORACIONES ADICIONALES EN LOS BRAZOS Y HOMBROS. ESTOS ACCESORIOS DEBEN COMPLEMENTAR EL TEMA LUNAR GENERAL, CREANDO UN LOOK COHESIVO Y ATERRADOR.

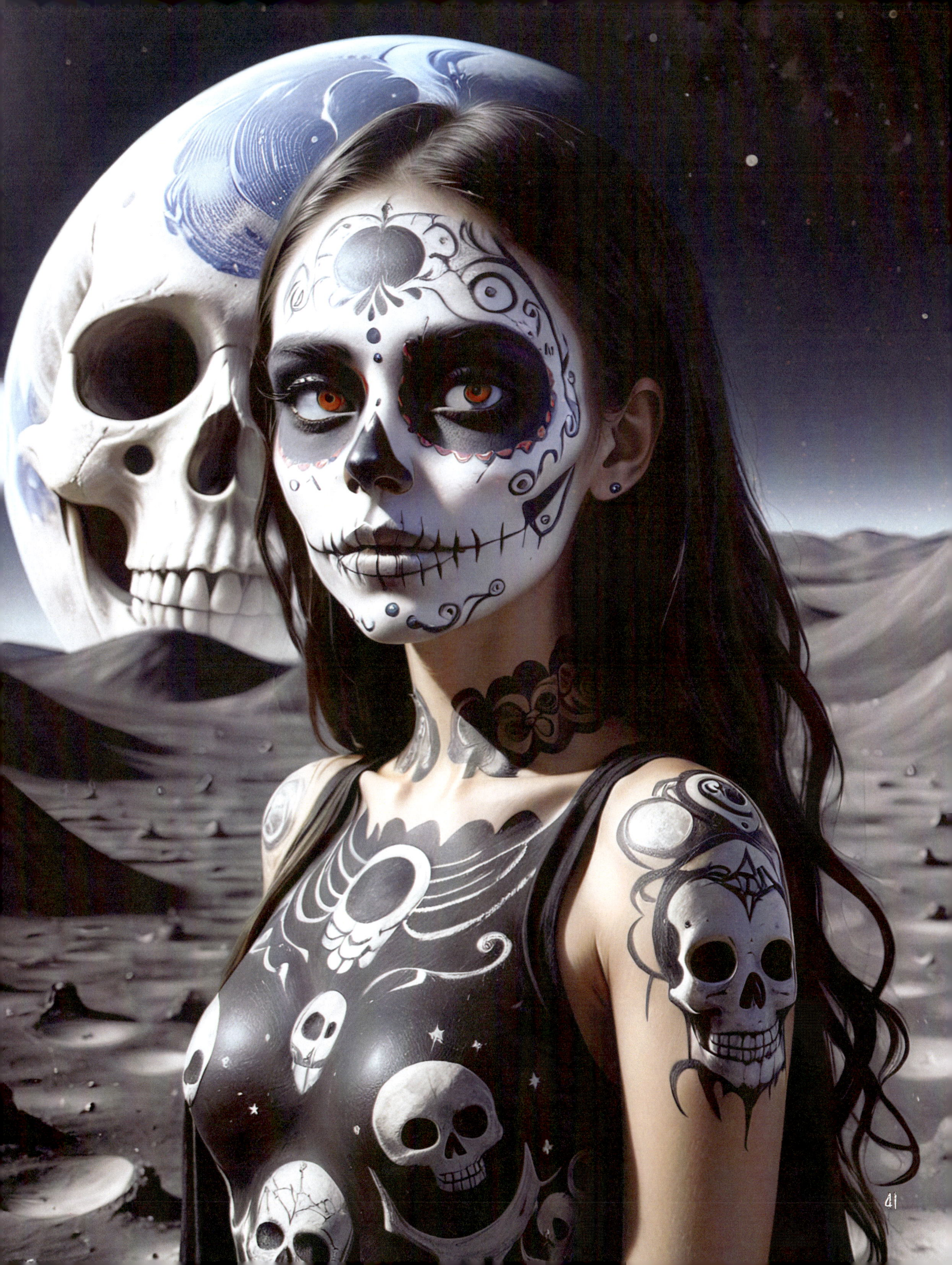

CATRINA NEBULOSA VIOLETA: MAQUILLAJE CÓSMICO DE CALAVERA CON UN TOQUE GALÁCTICO

INSTRUCCIONES PASO A PASO PARA EL MAQUILLAJE:

PREPARACIÓN DE LA PIEL:

HERRAMIENTAS: PREBASE, PINTURA FACIAL BLANCA, POLVO FIJADOR TRANSLÚCIDO.

INSTRUCCIONES: COMIENZA APLICANDO UNA PREBASE PARA CREAR UNA BASE SUAVE Y UNIFORME. CUBRE TODO EL ROSTRO CON PINTURA FACIAL BLANCA, ASEGURÁNDOTE DE LOGRAR UNA COBERTURA IMPECABLE PARA UN EFECTO IMPACTANTE DE CALAVERA. FIJA LA PINTURA FACIAL CON POLVO FIJADOR TRANSLÚCIDO PARA ASEGURAR EL MAQUILLAJE Y EVITAR QUE SE CORRA.

OJOS:

HERRAMIENTAS: SOMBRA DE OJOS NEGRA, SOMBRA DE OJOS PÚRPURA, DELINEADOR NEGRO, MÁSCARA DE PESTAÑAS.

INSTRUCCIONES: APLICA SOMBRA DE OJOS NEGRA ALREDEDOR DE LOS OJOS, CREANDO CUENCAS PROFUNDAS Y HUECAS. DIFUMINA UNA SOMBRA DE OJOS PÚRPURA VIBRANTE ALREDEDOR DE LOS BORDES DEL NEGRO, EXTENDIÉNDOLA HACIA AFUERA PARA CREAR UN RESPLANDOR CÓSMICO SIMILAR A UNA NEBULOSA. USA DELINEADOR NEGRO PARA DEFINIR LOS OJOS, DIBUJANDO UNA LÍNEA PRECISA ALREDEDOR DE TODO EL CONTORNO DEL ÁREA DE LOS OJOS. TERMINA CON MÁSCARA DE PESTAÑAS PARA REALZAR LAS PESTAÑAS, AÑADIENDO VOLUMEN E INTENSIDAD AL LOOK.

DETALLES FACIALES:

HERRAMIENTAS: PINTURA FACIAL NEGRA, PINCEL FINO, PINTURA FACIAL DE COLORES (PÚRPURA, AZUL, BLANCO).

INSTRUCCIONES: USANDO PINTURA FACIAL NEGRA Y UN PINCEL FINO, CREA DISEÑOS INTRINCADOS QUE COMBINEN MOTIVOS TRADICIONALES DE CATRINA CON ELEMENTOS CÓSMICOS. COMIENZA CON UN DISEÑO DE TELARAÑA EN LA FRENTE, EXTENDIÉNDOLO SIMÉTRICAMENTE. AGREGA ELEMENTOS DECORATIVOS ALREDEDOR DE LOS OJOS Y A LO LARGO DE LAS MEJILLAS USANDO TONOS DE PÚRPURA, AZUL Y BLANCO PARA CREAR UN EFECTO GALÁCTICO. DIBUJA UNA SONRISA ESQUELÉTICA EXTENDIENDO LÍNEAS NEGRAS DESDE LAS COMISURAS DE LA BOCA Y AGREGANDO PEQUEÑAS LÍNEAS VERTICALES A LO LARGO DE LOS LABIOS PARA IMITAR DIENTES. INCORPORA DISEÑOS CÓSMICOS ADICIONALES, COMO ESTRELLAS O NEBULOSAS, EN LA BARBILLA Y EL CUELLO PARA REALZAR EL TEMA GENERAL.

NARIZ:

HERRAMIENTAS: PINTURA FACIAL NEGRA, PINCEL FINO.

INSTRUCCIONES: PINTA LA PUNTA DE LA NARIZ EN FORMA DE LÁGRIMA USANDO PINTURA FACIAL NEGRA, CREANDO LA ILUSIÓN DE LA CAVIDAD NASAL DE UNA CALAVERA. ASEGÚRATE DE QUE LOS BORDES SEAN NÍTIDOS Y LIMPIOS PARA UN ASPECTO CÓSMICO PULIDO.

LABIOS:

HERRAMIENTAS: LÁPIZ LABIAL NEGRO, PINCEL FINO.

INSTRUCCIONES: DELINEA LOS LABIOS CON DELINEADOR NEGRO Y LUEGO RELLÉNALOS CON LÁPIZ LABIAL NEGRO. EXTIENDE LAS LÍNEAS NEGRAS DESDE LAS COMISURAS DE LA BOCA, INTEGRÁNDOLAS PERFECTAMENTE EN EL DISEÑO ESQUELÉTICO.

SUGERENCIAS PARA EL DISFRAZ:

TOCADO: UNA CORONA FLORAL CON FLORES VIBRANTES EN TONOS DE PÚRPURA Y ROSA, QUE COMBINAN CON LOS MATICES CÓSMICOS DEL MAQUILLAJE. ESTE TOCADO AÑADE UN TOQUE DE BELLEZA NATURAL AL TEMA FUTURISTA Y GALÁCTICO.

OUTFIT: UN BODYSUIT AJUSTADO CON ACENTOS METÁLICOS Y LUMINOSOS, INCORPORANDO MOTIVOS DE CALAVERAS Y DISEÑOS CÓSMICOS. EL ATUENDO DEBE COMBINAR ELEMENTOS TRADICIONALES CON UN GIRO FUTURISTA, REFLEJANDO EL AMBIENTE CÓSMICO.

ACCESORIOS: UN COLLAR LLAMATIVO CON ELEMENTOS DE CALAVERAS Y CÓSMICOS, ARETES A JUEGO, Y DETALLES ADICIONALES BRILLANTES EN LOS HOMBROS O EL PECHO. ESTOS ACCESORIOS DEBEN REALZAR EL TEMA GENERAL, CREANDO UNA APARIENCIA COHESIVA Y FASCINANTE.

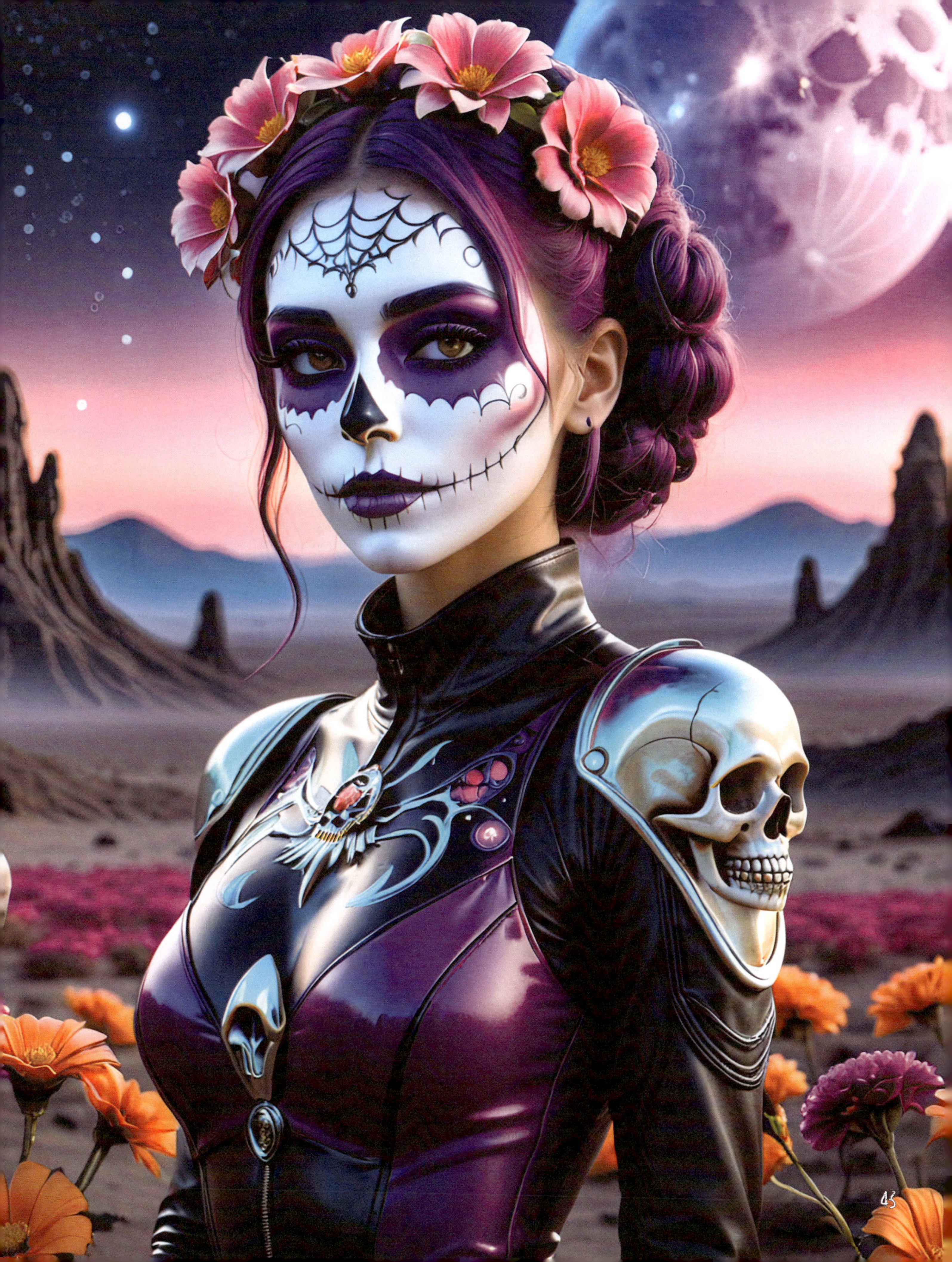

CATRINA INTERESTELAR: MAQUILLAJE DE CALAVERA CON UN TOQUE ESPACIAL FUTURISTA

INSTRUCCIONES PASO A PASO PARA EL MAQUILLAJE:

PREPARACIÓN DE LA PIEL:

HERRAMIENTAS: PREBASE, PINTURA FACIAL BLANCA, POLVO FIJADOR TRANSLÚCIDO.

INSTRUCCIONES: COMIENZA APLICANDO UNA PREBASE PARA CREAR UNA BASE SUAVE Y DURADERA. CUBRE TODO EL ROSTRO CON PINTURA FACIAL BLANCA, MEZCLÁNDOLA UNIFORMEMENTE PARA LOGRAR UN EFECTO ETÉREO DE CALAVERA. FIJA LA PINTURA FACIAL CON POLVO TRANSLÚCIDO PARA ASEGURAR QUE EL MAQUILLAJE SE MANTENGA EN SU LUGAR DURANTE TODO EL EVENTO.

OJOS:

HERRAMIENTAS: SOMBRA DE OJOS NEGRA, SOMBRA DE OJOS PÚRPURA, DELINEADOR NEGRO, MÁSCARA DE PESTAÑAS.

INSTRUCCIONES: APLICA SOMBRA DE OJOS NEGRA ALREDEDOR DE LOS OJOS, CREANDO PROFUNDAS CUENCAS HUECAS. DIFUMINA UNA SOMBRA DE OJOS PÚRPURA VIBRANTE ALREDEDOR DE LOS BORDES DEL NEGRO, EXTENDIÉNDOLA HACIA AFUERA PARA CREAR UN EFECTO CÓSMICO Y LLAMATIVO. USA DELINEADOR NEGRO PARA DEFINIR LOS OJOS, DIBUJANDO UNA LÍNEA NÍTIDA Y PRECISA ALREDEDOR DE TODO EL ÁREA DE LOS OJOS. TERMINA CON MÁSCARA DE PESTAÑAS PARA AÑADIR VOLUMEN E INTENSIDAD A LAS PESTAÑAS.

DETALLES FACIALES:

HERRAMIENTAS: PINTURA FACIAL NEGRA, PINCEL FINO, PINTURA FACIAL DE COLORES (PÚRPURA, PLATEADO, NEGRO).

INSTRUCCIONES: USANDO PINTURA FACIAL NEGRA Y UN PINCEL FINO, CREA DISEÑOS INTRINCADOS QUE COMBINEN MOTIVOS TRADICIONALES DE CATRINA CON ELEMENTOS FUTURISTAS. COMIENZA CON UN PATRÓN SIMÉTRICO EN LA FRENTE, INCORPORANDO SÍMBOLOS CÓSMICOS COMO ESTRELLAS Y NEBULOSAS. AGREGA ELEMENTOS DECORATIVOS ALREDEDOR DE LOS OJOS Y A LO LARGO DE LAS MEJILLAS USANDO TONOS DE PÚRPURA, PLATEADO Y NEGRO PARA REALZAR EL TEMA INTERESTELAR. DIBUJA UNA SONRISA ESQUELÉTICA EXTENDIENDO LÍNEAS NEGRAS DESDE LAS COMISURAS DE LA BOCA Y AGREGANDO PEQUEÑAS LÍNEAS VERTICALES A LO LARGO DE LOS LABIOS PARA IMITAR DIENTES. INCORPORA DISEÑOS ADICIONALES CON TEMÁTICA ESPACIAL EN LA BARBILLA Y EL CUELLO PARA COMPLETAR EL LOOK CÓSMICO.

NARIZ:

HERRAMIENTAS: PINTURA FACIAL NEGRA, PINCEL FINO.

INSTRUCCIONES: PINTA LA PUNTA DE LA NARIZ EN FORMA DE LÁGRIMA USANDO PINTURA FACIAL NEGRA, CREANDO LA ILUSIÓN DE LA CAVIDAD NASAL DE UNA CALAVERA. ASEGÚRATE DE QUE LOS BORDES SEAN NÍTIDOS Y LIMPIOS PARA UN ASPECTO FUTURISTA Y PULIDO.

LABIOS:

HERRAMIENTAS: LÁPIZ LABIAL PÚRPURA, PINCEL FINO.

INSTRUCCIONES: DELINEA LOS LABIOS CON DELINEADOR NEGRO Y LUEGO RELLÉNALOS CON UN LÁPIZ LABIAL PÚRPURA PROFUNDO. EXTIENDE LAS LÍNEAS NEGRAS DESDE LAS COMISURAS DE LA BOCA, INTEGRÁNDOLAS PERFECTAMENTE EN EL DISEÑO ESQUELÉTICO.

SUGERENCIAS PARA EL DISFRAZ:

TOCADO: UNA CORONA FLORAL CON UNA MEZCLA DE FLORES VIBRANTES EN TONOS PÚRPURA, NARANJA Y BLANCO, QUE CONTRASTAN MARAVILLOSAMENTE CON LA ARMADURA PLATEADA Y AÑADEN UN TOQUE DE NATURALEZA AL ENTORNO FUTURISTA.

OUTFIT: UN BODYSUIT METÁLICO Y AJUSTADO CON PANELES TIPO ARMADURA Y ACENTOS LUMINOSOS. EL DISEÑO DEBE INCORPORAR TANTO MOTIVOS TRADICIONALES DE CATRINA COMO ELEMENTOS FUTURISTAS, COMO CALAVERAS Y SÍMBOLOS CÓSMICOS, REFLEJANDO EL VIAJE INTERESTELAR DEL PERSONAJE.

ACCESORIOS: UN COLLAR LLAMATIVO CON UN CENTRO CÓSMICO LUMINOSO, ARETES A JUEGO, Y DETALLES METÁLICOS ADICIONALES EN LOS HOMBROS O BRAZOS. ESTOS ACCESORIOS DEBEN COMPLEMENTAR EL TEMA GENERAL, CREANDO UN LOOK COHESIVO Y FUTURISTA.

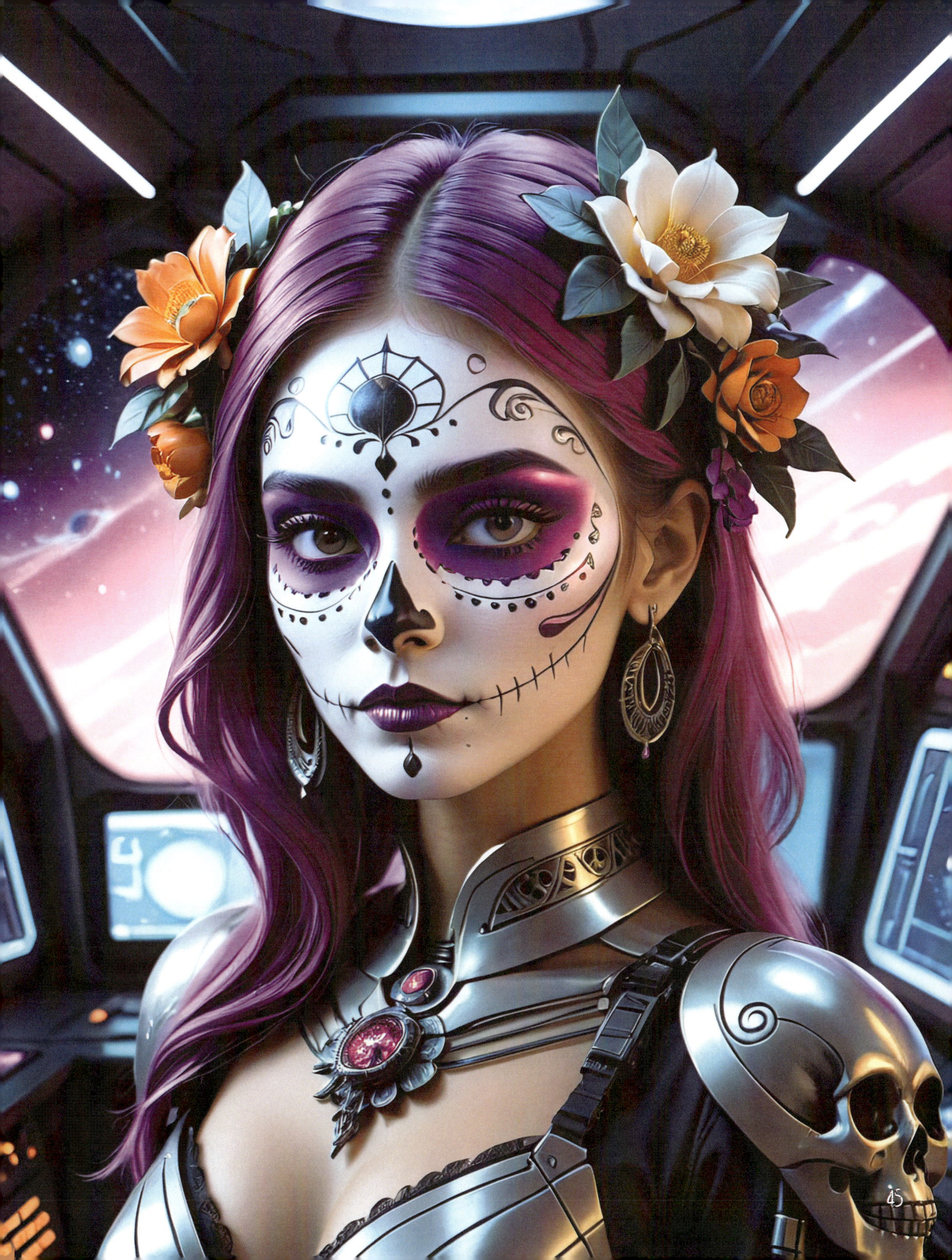

CATRINA DE GLAMOUR VINTAGE: MAQUILLAJE DE CALAVERA CON UN TOQUE DE LOS AÑOS 1920

INSTRUCCIONES PASO A PASO PARA EL MAQUILLAJE:

PREPARACIÓN DE LA PIEL:

HERRAMIENTAS: PREBASE, PINTURA FACIAL BLANCA, POLVO FIJADOR TRANSLÚCIDO.

INSTRUCCIONES: COMIENZA APLICANDO UNA PREBASE PARA CREAR UNA BASE SUAVE PARA EL MAQUILLAJE. CUBRE TODO EL ROSTRO CON PINTURA FACIAL BLANCA, MEZCLÁNDOLA UNIFORMEMENTE PARA LOGRAR UNA BASE DE CALAVERA IMPECABLE, CON UN EFECTO DE PORCELANA. FIJA LA PINTURA FACIAL CON POLVO TRANSLÚCIDO PARA ASEGURAR QUE EL MAQUILLAJE SE MANTENGA EN SU LUGAR Y EVITAR QUE SE CORRA.

OJOS:

HERRAMIENTAS: SOMBRA DE OJOS NEGRA, SOMBRA DE OJOS PÚRPURA, DELINEADOR NEGRO, MÁSCARA DE PESTAÑAS.

INSTRUCCIONES: APLICA SOMBRA DE OJOS NEGRA ALREDEDOR DE LOS OJOS, CREANDO CUENCAS PROFUNDAS Y HUECAS TÍPICAS DEL MAQUILLAJE DE CATRINA. DIFUMINA UNA SOMBRA DE OJOS PÚRPURA RICA ALREDEDOR DE LOS BORDES DEL NEGRO PARA AÑADIR UN TOQUE DE GLAMOUR VINTAGE. USA DELINEADOR NEGRO PARA DEFINIR LOS OJOS, DIBUJANDO UNA LÍNEA PRECISA ALREDEDOR DE TODO EL ÁREA DE LOS OJOS. TERMINA CON MÁSCARA DE PESTAÑAS PARA REALZAR LAS PESTAÑAS, AÑADIENDO VOLUMEN Y ELEGANCIA AL LOOK.

DETALLES FACIALES:

HERRAMIENTAS: PINTURA FACIAL NEGRA, PINCEL FINO, PINTURA FACIAL DE COLORES (PÚRPURA, NEGRA).

INSTRUCCIONES: USANDO PINTURA FACIAL NEGRA Y UN PINCEL FINO, CREA DISEÑOS INTRINCADOS QUE COMBINEN MOTIVOS TRADICIONALES DE CATRINA CON UN TOQUE VINTAGE DE LOS AÑOS 1920. COMIENZA CON UN DELICADO DISEÑO DE TELARAÑA EN LA FRENTE, EXTENDIÉNDOLO SIMÉTRICAMENTE. AGREGA ELEMENTOS DECORATIVOS SUTILES ALREDEDOR DE LOS OJOS Y MEJILLAS, INCORPORANDO PERLAS O CUENTAS PARA UN TOQUE ELEGANTE. DIBUJA UNA SONRISA ESQUELÉTICA EXTENDIENDO LÍNEAS NEGRAS DESDE LAS COMISURAS DE LA BOCA Y AGREGANDO PEQUEÑAS LÍNEAS VERTICALES A LO LARGO DE LOS LABIOS PARA IMITAR DIENTES. INCORPORA DETALLES ADICIONALES EN LA BARBILLA Y EL CUELLO PARA REALZAR LA ESTÉTICA VINTAGE.

NARIZ:

HERRAMIENTAS: PINTURA FACIAL NEGRA, PINCEL FINO.

INSTRUCCIONES: PINTA LA PUNTA DE LA NARIZ EN FORMA DE LÁGRIMA USANDO PINTURA FACIAL NEGRA, CREANDO LA ILUSIÓN DE LA CAVIDAD NASAL DE UNA CALAVERA. ASEGÚRATE DE QUE LOS BORDES SEAN NÍTIDOS Y LIMPIOS PARA UN ASPECTO SOFISTICADO Y PULIDO.

LABIOS:

HERRAMIENTAS: LÁPIZ LABIAL ROJO OSCURO, PINCEL FINO.

INSTRUCCIONES: DELINEA LOS LABIOS CON UN LÁPIZ LABIAL ROJO OSCURO, LUEGO RELLÉNALOS CON UN LÁPIZ LABIAL ROJO PROFUNDO Y VINTAGE. EXTIENDE LAS LÍNEAS NEGRAS DESDE LAS COMISURAS DE LA BOCA, INTEGRÁNDOLAS PERFECTAMENTE EN EL DISEÑO ESQUELÉTICO.

SUGERENCIAS PARA EL DISFRAZ:

TOCADO: UNA BANDA PARA LA CABEZA INSPIRADA EN LOS AÑOS 1920 CON FLORES BLANCAS, PERLAS Y UN TOQUE DE PLUMAS NEGRAS, QUE COMPLEMENTA EL TEMA VINTAGE MIENTRAS AÑADE UN TOQUE DE ELEGANCIA DE CATRINA.

OUTFIT: UN VESTIDO NEGRO GLAMOROSO CON ENCAJE Y ABALORIOS, TÍPICO DE LOS AÑOS 1920, COMBINADO CON ELEMENTOS TRANSPARENTES QUE REVELEN SUTILES MOTIVOS DE CALAVERAS DEBAJO. EL ATUENDO DEBE REFLEJAR LA SOFISTICACIÓN DE LA ÉPOCA MIENTRAS INCORPORA LA BELLEZA FANTASMAL DE LA CATRINA.

ACCESORIOS: LARGOS COLLARES DE PERLAS, ARETES COLGANTES Y UNA BOA DE PLUMAS. ESTOS ACCESORIOS DEBEN REALZAR EL TEMA VINTAGE, CREANDO UN LOOK COHESIVO Y GLAMOROSO QUE CAPTURE LA ESENCIA DE LA ELEGANCIA DE LOS AÑOS 1920 CON UN TOQUE INQUIETANTE.

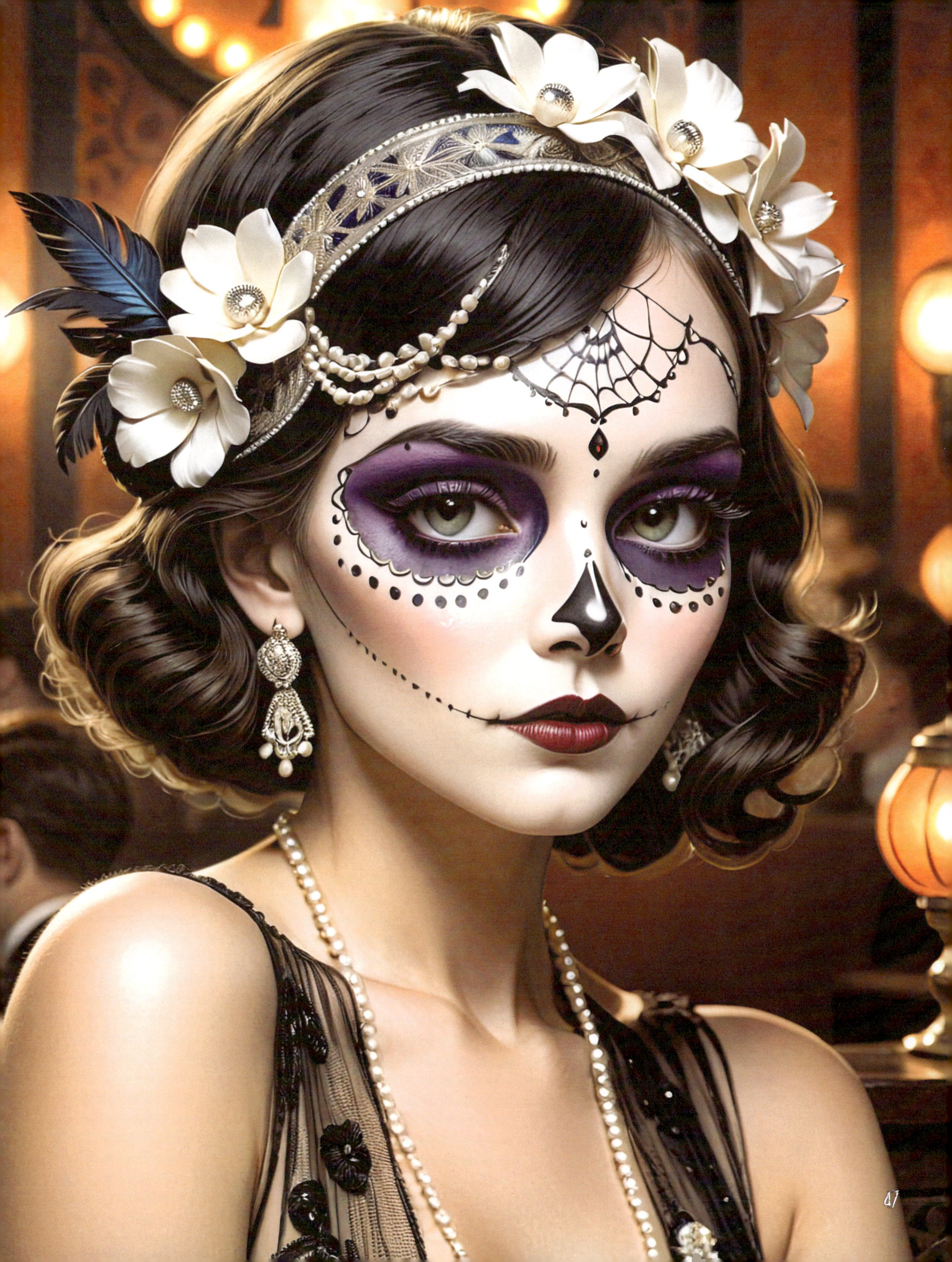

CATRINA DE GLAMOUR VINTAGE: MAQUILLAJE DE CALAVERA CON UN TOQUE DE LOS AÑOS 1920

INSTRUCCIONES PASO A PASO PARA EL MAQUILLAJE:

PREPARACIÓN DE LA PIEL:

HERRAMIENTAS: PREBASE, PINTURA FACIAL BLANCA, POLVO FIJADOR TRANSLÚCIDO.

INSTRUCCIONES: COMIENZA APLICANDO UNA PREBASE PARA CREAR UNA BASE SUAVE PARA EL MAQUILLAJE. CUBRE TODO EL ROSTRO CON PINTURA FACIAL BLANCA, MEZCLÁNDOLA UNIFORMEMENTE PARA LOGRAR UNA BASE DE CALAVERA IMPECABLE, CON UN EFECTO DE PORCELANA. FIJA LA PINTURA FACIAL CON POLVO TRANSLÚCIDO PARA ASEGURAR QUE EL MAQUILLAJE SE MANTENGA EN SU LUGAR Y EVITAR QUE SE CORRA.

OJOS:

HERRAMIENTAS: SOMBRA DE OJOS NEGRA, SOMBRA DE OJOS PÚRPURA, DELINEADOR NEGRO, MÁSCARA DE PESTAÑAS.

INSTRUCCIONES: APLICA SOMBRA DE OJOS NEGRA ALREDEDOR DE LOS OJOS, CREANDO CUENCAS PROFUNDAS Y HUECAS TÍPICAS DEL MAQUILLAJE DE CATRINA. DIFUMINA UNA SOMBRA DE OJOS PÚRPURA RICA ALREDEDOR DE LOS BORDES DEL NEGRO PARA AÑADIR UN TOQUE DE GLAMOUR VINTAGE. USA DELINEADOR NEGRO PARA DEFINIR LOS OJOS, DIBUJANDO UNA LÍNEA PRECISA ALREDEDOR DE TODO EL ÁREA DE LOS OJOS. TERMINA CON MÁSCARA DE PESTAÑAS PARA REALZAR LAS PESTAÑAS, AÑADIENDO VOLUMEN Y ELEGANCIA AL LOOK.

DETALLES FACIALES:

HERRAMIENTAS: PINTURA FACIAL NEGRA, PINCEL FINO, PINTURA FACIAL DE COLORES (PÚRPURA, NEGRA).

INSTRUCCIONES: USANDO PINTURA FACIAL NEGRA Y UN PINCEL FINO, CREA DISEÑOS INTRINCADOS QUE COMBINEN MOTIVOS TRADICIONALES DE CATRINA CON UN TOQUE VINTAGE DE LOS AÑOS 1920. COMIENZA CON UN DELICADO DISEÑO DE TELARAÑA EN LA FRENTE, EXTENDIÉNDOLO SIMÉTRICAMENTE. AGREGA ELEMENTOS DECORATIVOS SUTILES ALREDEDOR DE LOS OJOS Y MEJILLAS, INCORPORANDO PERLAS O CUENTAS PARA UN TOQUE ELEGANTE. DIBUJA UNA SONRISA ESQUELÉTICA EXTENDIENDO LÍNEAS NEGRAS DESDE LAS COMISURAS DE LA BOCA Y AGREGANDO PEQUEÑAS LÍNEAS VERTICALES A LO LARGO DE LOS LABIOS PARA IMITAR DIENTES. INCORPORA DETALLES ADICIONALES EN LA BARBILLA Y EL CUELLO PARA REALZAR LA ESTÉTICA VINTAGE.

NARIZ:

HERRAMIENTAS: PINTURA FACIAL NEGRA, PINCEL FINO.

INSTRUCCIONES: PINTA LA PUNTA DE LA NARIZ EN FORMA DE LÁGRIMA USANDO PINTURA FACIAL NEGRA, CREANDO LA ILUSIÓN DE LA CAVIDAD NASAL DE UNA CALAVERA. ASEGÚRATE DE QUE LOS BORDES SEAN NÍTIDOS Y LIMPIOS PARA UN ASPECTO SOFISTICADO Y PULIDO.

LABIOS:

HERRAMIENTAS: LÁPIZ LABIAL ROJO OSCURO, PINCEL FINO.

INSTRUCCIONES: DELINEA LOS LABIOS CON UN LÁPIZ LABIAL ROJO OSCURO, LUEGO RELLÉNALOS CON UN LÁPIZ LABIAL ROJO PROFUNDO Y VINTAGE. EXTIENDE LAS LÍNEAS NEGRAS DESDE LAS COMISURAS DE LA BOCA, INTEGRÁNDOLAS PERFECTAMENTE EN EL DISEÑO ESQUELÉTICO.

SUGERENCIAS PARA EL DISFRAZ:

TOCADO: UNA BANDA PARA LA CABEZA INSPIRADA EN LOS AÑOS 1920 CON FLORES BLANCAS, PERLAS Y UN TOQUE DE PLUMAS NEGRAS, QUE COMPLEMENTA EL TEMA VINTAGE MIENTRAS AÑADE UN TOQUE DE ELEGANCIA DE CATRINA.

OUTFIT: UN VESTIDO NEGRO GLAMOROSO CON ENCAJE Y ABALORIOS, TÍPICO DE LOS AÑOS 1920, COMBINADO CON ELEMENTOS TRANSPARENTES QUE REVELEN SUTILES MOTIVOS DE CALAVERAS DEBAJO. EL ATUENDO DEBE REFLEJAR LA SOFISTICACIÓN DE LA ÉPOCA MIENTRAS INCORPORA LA BELLEZA FANTASMAL DE LA CATRINA.

ACCESORIOS: LARGOS COLLARES DE PERLAS, ARETES COLGANTES Y UNA BOA DE PLUMAS. ESTOS ACCESORIOS DEBEN REALZAR EL TEMA VINTAGE, CREANDO UN LOOK COHESIVO Y GLAMOROSO QUE CAPTURE LA ESENCIA DE LA ELEGANCIA DE LOS AÑOS 1920 CON UN TOQUE INQUIETANTE.

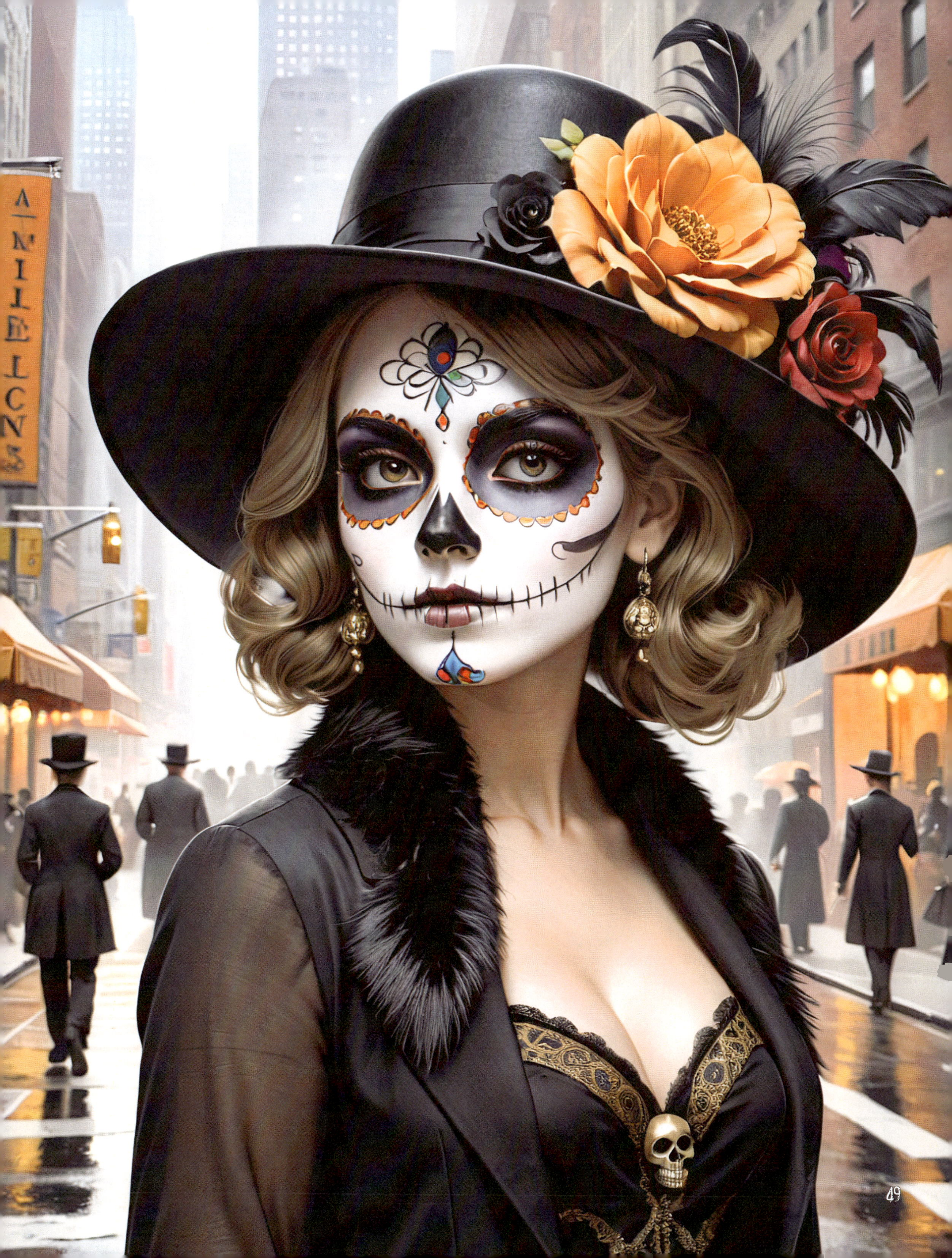

INSTRUCCIONES PASO A PASO PARA EL MAQUILLAJE:

PREPARACIÓN DE LA PIEL:

HERRAMIENTAS: PREBASE, PINTURA FACIAL BLANCA, POLVO FIJADOR TRANSLÚCIDO.

INSTRUCCIONES: COMIENZA APLICANDO UNA PREBASE PARA CREAR UNA BASE SUAVE Y UNIFORME. CUBRE TODO EL ROSTRO CON PINTURA FACIAL BLANCA, MEZCLÁNDOLA A FONDO PARA LOGRAR UN EFECTO DE CALAVERA IMPECABLE Y DE PORCELANA. FIJA LA PINTURA FACIAL CON POLVO TRANSLÚCIDO PARA ASEGURARTE DE QUE SE MANTENGA INTACTA DURANTE TODA LA NOCHE.

OJOS:

HERRAMIENTAS: SOMBRA DE OJOS NEGRA, SOMBRA DE OJOS PÚRPURA, DELINEADOR NEGRO, MÁSCARA DE PESTAÑAS.

INSTRUCCIONES: APLICA SOMBRA DE OJOS NEGRA ALREDEDOR DE LOS OJOS, CENTRÁNDOTE EN CREAR CUENCAS PROFUNDAS Y HUECAS. DIFUMINA UNA SOMBRA DE OJOS PÚRPURA RICA ALREDEDOR DE LOS BORDES DEL NEGRO, EXTENDIÉNDOLA HACIA AFUERA PARA CREAR UN TOQUE DRAMÁTICO Y VINTAGE. USA DELINEADOR NEGRO PARA DEFINIR LOS OJOS, ASEGURÁNDOTE DE QUE LA LÍNEA SEA NÍTIDA Y PRECISA. TERMINA CON MÁSCARA DE PESTAÑAS PARA AÑADIR VOLUMEN Y PROFUNDIDAD A LAS PESTAÑAS.

DETALLES FACIALES:

HERRAMIENTAS: PINTURA FACIAL NEGRA, PINCEL FINO, PINTURA FACIAL DE COLORES (PÚRPURA, PLATEADO).

INSTRUCCIONES: USANDO PINTURA FACIAL NEGRA Y UN PINCEL FINO, CREA DISEÑOS INTRINCADOS QUE COMBINEN LOS MOTIVOS TRADICIONALES DE CATRINA CON LA OPULENCIA DE LOS AÑOS 20. COMIENZA CON UN DELICADO DISEÑO DE TELARAÑA EN LA FRENTE, AÑADIENDO PEQUEÑOS DETALLES ALREDEDOR DE LOS OJOS Y A LO LARGO DE LAS MEJILLAS. INCORPORA ACENTOS PLATEADOS PARA REALZAR EL GLAMOUR VINTAGE. DIBUJA UNA SONRISA ESQUELÉTICA EXTENDIENDO LÍNEAS NEGRAS DESDE LAS COMISURAS DE LA BOCA Y AGREGANDO PEQUEÑAS LÍNEAS VERTICALES A LO LARGO DE LOS LABIOS PARA IMITAR DIENTES. PUEDES AGREGAR DETALLES ADICIONALES, COMO PEQUEÑAS PERLAS O CUENTAS, PARA UN TOQUE MÁS LUJOSO.

NARIZ:

HERRAMIENTAS: PINTURA FACIAL NEGRA, PINCEL FINO.

INSTRUCCIONES: PINTA LA PUNTA DE LA NARIZ EN FORMA DE LÁGRIMA USANDO PINTURA FACIAL NEGRA, CREANDO LA ILUSIÓN DE LA CAVIDAD NASAL DE UNA CALAVERA. ASEGÚRATE DE QUE LAS LÍNEAS SEAN LIMPIAS Y NÍTIDAS PARA UN LOOK SOFISTICADO Y PULIDO.

LABIOS:

HERRAMIENTAS: LÁPIZ LABIAL ROJO OSCURO, PINCEL FINO.

INSTRUCCIONES: DELINEA LOS LABIOS CON UN LÁPIZ LABIAL ROJO OSCURO, LUEGO RELLÉNALOS CON UN LÁPIZ LABIAL DE COLOR VINO PROFUNDO. EXTIENDE LAS LÍNEAS NEGRAS DESDE LAS COMISURAS DE LA BOCA, INTEGRÁNDOLAS PERFECTAMENTE EN EL DISEÑO ESQUELÉTICO.

SUGERENCIAS PARA EL DISFRAZ:

TOCADO: UNA BANDA PARA LA CABEZA INSPIRADA EN LOS AÑOS 20 ADORNADA CON FLORES EN TONOS AZUL Y DORADO, PERLAS Y PLUMAS. ESTE TOCADO AÑADE UN AIRE DE SOFISTICACIÓN Y COMPLEMENTA PERFECTAMENTE EL LOOK VINTAGE DE CATRINA.

OUTFIT: UN LUJOSO VESTIDO AZUL MARINO CON BORDADOS Y ABALORIOS INTRINCADOS, TÍPICO DE LOS AÑOS 20. EL VESTIDO DEBE PRESENTAR LÍNEAS ELEGANTES Y FLUIDAS, CON UN CORPIÑO AJUSTADO, REFLEJANDO LA OPULENCIA DE LA ÉPOCA MIENTRAS INCORPORA SUTILMENTE MOTIVOS DE CALAVERAS.

ACCESORIOS: UN COLLAR LLAMATIVO CON PIEDRAS PRECIOSAS AZULES, ARETES COLGANTES Y UN LARGO COLLAR DE PERLAS ELEGANTE. ESTOS ACCESORIOS DEBEN REALZAR EL TEMA VINTAGE GENERAL, CREANDO UN LOOK COHESIVO Y GLAMOROSO QUE CAPTURE EL ESPÍRITU DE LOS AÑOS 20 CON UN TOQUE FANTASMAL.

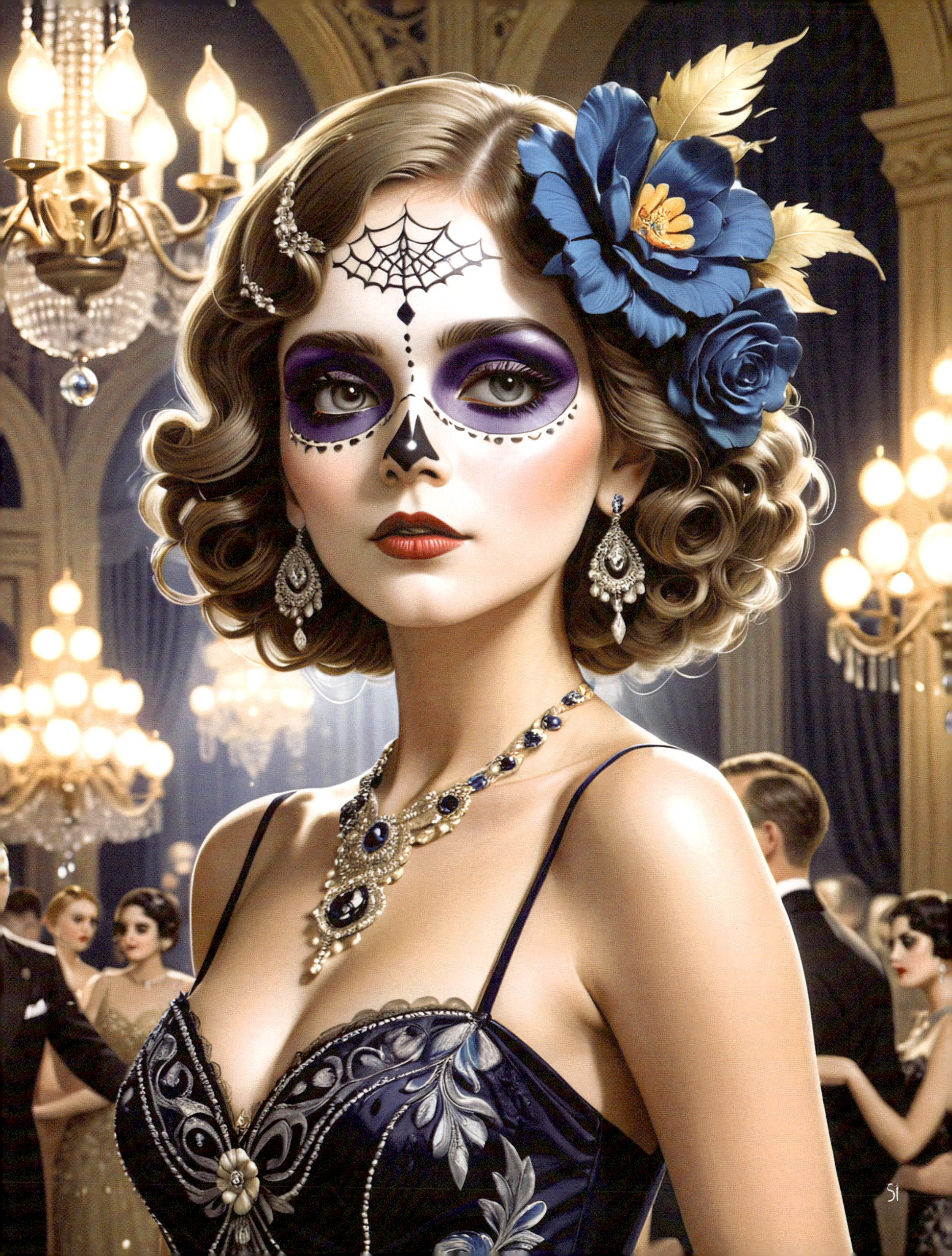

INSTRUCCIONES PASO A PASO PARA EL MAQUILLAJE:

PREPARACIóN DE LA PIEL:

HERRAMIENTAS: PREBASE, PINTURA FACIAL BLANCA, POLVO FIJADOR TRANSLúCIDO.

INSTRUCCIONES: COMIENZA APLICANDO UNA PREBASE PARA CREAR UNA BASE SUAVE Y UNIFORME. CUBRE TODO EL ROSTRO CON PINTURA FACIAL BLANCA, MEZCLáNDOLA A FONDO PARA LOGRAR UN EFECTO DE CALAVERA ETéREA Y PERFECTA. FIJA LA PINTURA FACIAL CON POLVO TRANSLúCIDO PARA ASEGURAR QUE SE MANTENGA INTACTA DURANTE TODA LA NOCHE.

OJOS:

HERRAMIENTAS: SOMBRA DE OJOS NEGRA, SOMBRA DE OJOS PúRPURA OSCURA, DELINEADOR NEGRO, MáSCARA DE PESTAñAS.

INSTRUCCIONES: APLICA SOMBRA DE OJOS NEGRA ALREDEDOR DE LOS OJOS, CENTRáNDOTE EN CREAR CUENCAS PROFUNDAS Y HUECAS. DIFUMINA UNA SOMBRA DE OJOS PúRPURA OSCURA ALREDEDOR DE LOS BORDES DEL NEGRO, EXTENDIéNDOLA HACIA AFUERA PARA CREAR UN TOQUE DRAMáTICO Y GóTICO. USA DELINEADOR NEGRO PARA DEFINIR LOS OJOS, DIBUJANDO UNA LíNEA PRECISA ALREDEDOR DE TODO EL áREA DE LOS OJOS. TERMINA CON MáSCARA DE PESTAñAS PARA AñADIR VOLUMEN Y PROFUNDIDAD A LAS PESTAñAS.

DETALLES FACIALES:

HERRAMIENTAS: PINTURA FACIAL NEGRA, PINCEL FINO, PINTURA FACIAL DE COLORES (PúRPURA, PLATEADO).

INSTRUCCIONES: USANDO PINTURA FACIAL NEGRA Y UN PINCEL FINO, CREA DISEñOS INTRINCADOS QUE COMBINEN MOTIVOS TRADICIONALES DE CATRINA CON ELEGANCIA GóTICA. COMIENZA CON UN DISEñO DE TELARAñA SIMéTRICO EN LA FRENTE, EXTENDIéNDOLO EN PATRONES ORNAMENTALES Y ONDULANTES ALREDEDOR DE LOS OJOS Y A LO LARGO DE LAS MEJILLAS. INCORPORA ACENTOS PLATEADOS PARA REALZAR EL LOOK GóTICO. DIBUJA UNA SONRISA ESQUELéTICA EXTENDIENDO LíNEAS NEGRAS DESDE LAS COMISURAS DE LA BOCA Y AGREGANDO PEQUEñAS LíNEAS VERTICALES A LO LARGO DE LOS LABIOS PARA IMITAR DIENTES. AGREGA DETALLES ADICIONALES CON TEMáTICA GóTICA EN LA BARBILLA Y EL CUELLO PARA COMPLETAR EL LOOK.

NARIZ:

HERRAMIENTAS: PINTURA FACIAL NEGRA, PINCEL FINO.

INSTRUCCIONES: PINTA LA PUNTA DE LA NARIZ EN FORMA DE LáGRIMA USANDO PINTURA FACIAL NEGRA, CREANDO LA ILUSIóN DE LA CAVIDAD NASAL DE UNA CALAVERA. ASEGúRATE DE QUE LAS LíNEAS SEAN LIMPIAS Y NíTIDAS PARA UN ASPECTO PULIDO Y GóTICO.

LABIOS:

HERRAMIENTAS: LáPIZ LABIAL PúRPURA OSCURO, PINCEL FINO.

INSTRUCCIONES: DELINEA LOS LABIOS CON UN LáPIZ LABIAL PúRPURA OSCURO, LUEGO RELLéNALOS CON UN LáPIZ LABIAL PúRPURA PROFUNDO Y RICO. EXTIENDE LAS LíNEAS NEGRAS DESDE LAS COMISURAS DE LA BOCA, INTEGRáNDOLAS PERFECTAMENTE EN EL DISEñO ESQUELéTICO.

SUGERENCIAS PARA EL DISFRAZ:

TOCADO: UN TOCADO FLORAL CON FLORES EN TONOS PúRPURA OSCURO Y BLANCO, ACENTUADO CON PLUMAS NEGRAS, PARA COMPLEMENTAR EL TEMA GóTICO. ESTE TOCADO AñADE UN TOQUE DE ELEGANCIA OSCURA AL LOOK DE CATRINA.

OUTFIT: UN LUJOSO VESTIDO PúRPURA OSCURO CON BORDADOS INSPIRADOS EN EL ESTILO GóTICO Y DETALLES DE ENCAJE. EL VESTIDO DEBE PRESENTAR UN CORPIñO AJUSTADO Y FALDAS FLUIDAS, REFLEJANDO LA OPULENCIA DE LA ERA GóTICA MIENTRAS INCORPORA SUTILES MOTIVOS DE CALAVERAS.

ACCESORIOS: UNA GARGANTILLA NEGRA ADORNADA CON UN COLGANTE LLAMATIVO, ARETES COLGANTES Y UNA PULSERA A JUEGO. ESTOS ACCESORIOS DEBEN REALZAR EL TEMA GóTICO GENERAL, CREANDO UN LOOK COHESIVO Y SOFISTICADO QUE CAPTURE LA ESENCIA DE LA ELEGANCIA GóTICA CON UN TOQUE FANTASMAL.

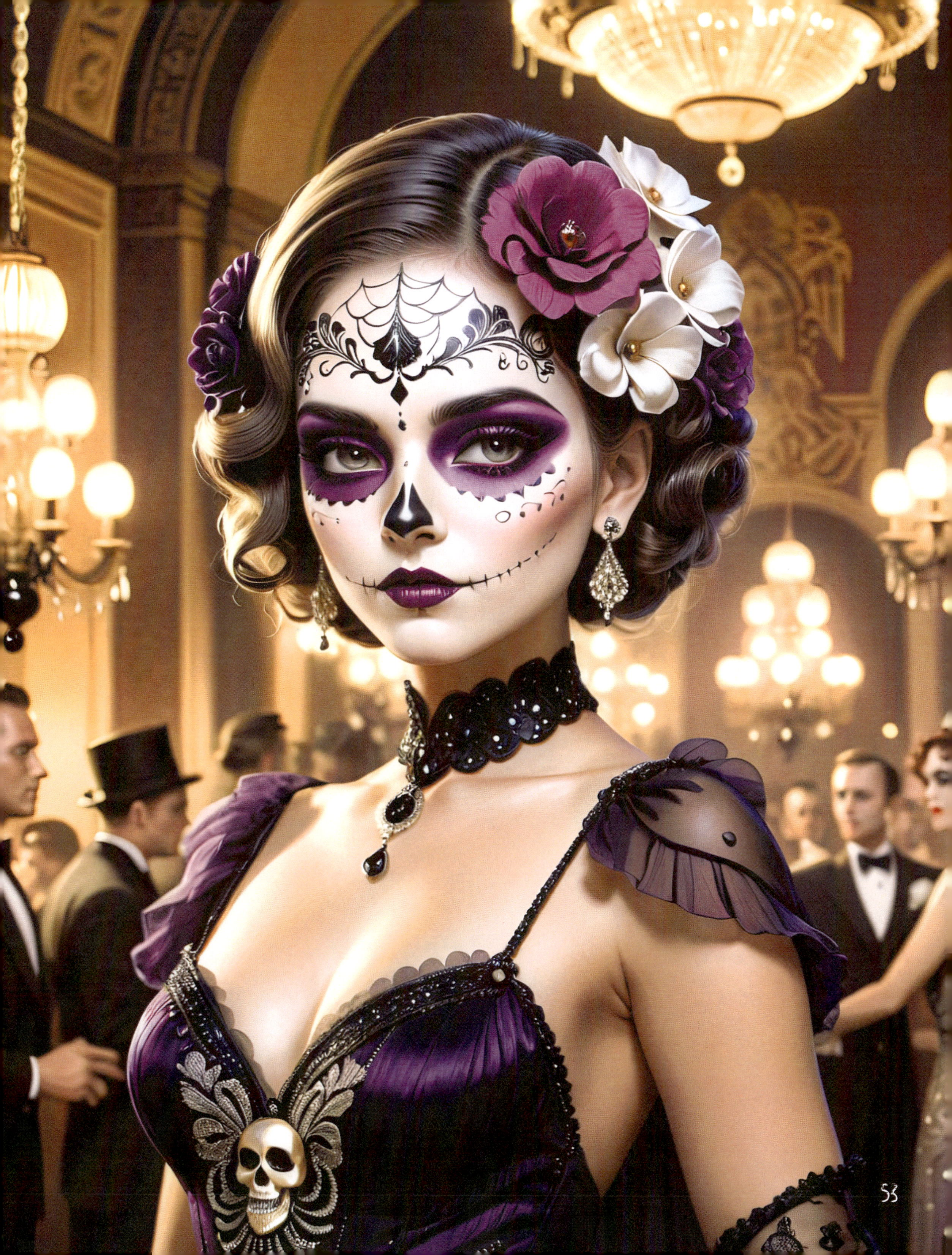

INSTRUCCIONES PASO A PASO PARA EL MAQUILLAJE:

PREPARACIÓN DE LA PIEL:

HERRAMIENTAS: PREBASE, PINTURA FACIAL BLANCA, POLVO FIJADOR TRANSLÚCIDO.

INSTRUCCIONES: COMIENZA APLICANDO UNA PREBASE PARA CREAR UNA BASE SUAVE PARA EL MAQUILLAJE. CUBRE TODO EL ROSTRO CON PINTURA FACIAL BLANCA, MEZCLÁNDOLA UNIFORMEMENTE PARA LOGRAR UNA APARIENCIA IMPECABLE DE CALAVERA. FIJA LA PINTURA FACIAL CON POLVO TRANSLÚCIDO PARA ASEGURAR QUE EL MAQUILLAJE SE MANTENGA INTACTO DURANTE TODA LA NOCHE.

OJOS:

HERRAMIENTAS: SOMBRA DE OJOS NEGRA, SOMBRA DE OJOS PÚRPURA PROFUNDA, DELINEADOR NEGRO, MÁSCARA DE PESTAÑAS.

INSTRUCCIONES: APLICA SOMBRA DE OJOS NEGRA ALREDEDOR DE LOS OJOS, CREANDO CUENCAS PROFUNDAS Y HUECAS. DIFUMINA UNA SOMBRA DE OJOS PÚRPURA PROFUNDA ALREDEDOR DE LOS BORDES DEL NEGRO, EXTENDIÉNDOLA HACIA AFUERA PARA CREAR UN TOQUE DRAMÁTICO CON UN ENCANTO RÚSTICO. USA DELINEADOR NEGRO PARA DEFINIR LOS OJOS, DIBUJANDO UNA LÍNEA NÍTIDA Y PRECISA ALREDEDOR DE TODO EL ÁREA DE LOS OJOS. TERMINA CON MÁSCARA DE PESTAÑAS PARA AÑADIR VOLUMEN E INTENSIDAD A LAS PESTAÑAS.

DETALLES FACIALES:

HERRAMIENTAS: PINTURA FACIAL NEGRA, PINCEL FINO, PINTURA FACIAL DE COLORES (PÚRPURA, ROJO).

INSTRUCCIONES: USANDO PINTURA FACIAL NEGRA Y UN PINCEL FINO, CREA DISEÑOS INTRINCADOS QUE COMBINEN MOTIVOS TRADICIONALES DE CATRINA CON ELEMENTOS RÚSTICOS. COMIENZA CON UN DISEÑO DE TELARAÑA EN LA FRENTE, AÑADIENDO ELEMENTOS DECORATIVOS ALREDEDOR DE LOS OJOS Y A LO LARGO DE LAS MEJILLAS USANDO TONOS DE PÚRPURA Y ROJO. DIBUJA UNA SONRISA ESQUELÉTICA EXTENDIENDO LÍNEAS NEGRAS DESDE LAS COMISURAS DE LA BOCA Y AGREGANDO PEQUEÑAS LÍNEAS VERTICALES A LO LARGO DE LOS LABIOS PARA IMITAR DIENTES. INCORPORA DETALLES ADICIONALES EN LA BARBILLA Y EL CUELLO PARA REALZAR EL AMBIENTE RÚSTICO DE LA CANTINA.

NARIZ:

HERRAMIENTAS: PINTURA FACIAL NEGRA, PINCEL FINO.

INSTRUCCIONES: PINTA LA PUNTA DE LA NARIZ EN FORMA DE LÁGRIMA USANDO PINTURA FACIAL NEGRA, CREANDO LA ILUSIÓN DE LA CAVIDAD NASAL DE UNA CALAVERA. ASEGÚRATE DE QUE LAS LÍNEAS SEAN LIMPIAS Y NÍTIDAS PARA UN LOOK RÚSTICO Y PULIDO.

LABIOS:

HERRAMIENTAS: LÁPIZ LABIAL ROJO OSCURO, PINCEL FINO.

INSTRUCCIONES: DELINEA LOS LABIOS CON UN LÁPIZ LABIAL ROJO OSCURO, LUEGO RELLÉNALOS CON UN LÁPIZ LABIAL ROJO VIBRANTE Y RICO. EXTIENDE LAS LÍNEAS NEGRAS DESDE LAS COMISURAS DE LA BOCA, INTEGRÁNDOLAS PERFECTAMENTE EN EL DISEÑO ESQUELÉTICO.

SUGERENCIAS PARA EL DISFRAZ:

TOCADO: UN TOCADO FLORAL CON FLORES VIBRANTES EN TONOS DE NARANJA Y PÚRPURA, AÑADIENDO UN TOQUE DE COLOR QUE CONTRASTA MARAVILLOSAMENTE CON EL ENTORNO RÚSTICO. ESTE TOCADO AÑADE UN TOQUE FESTIVO AL LOOK TRADICIONAL DE CATRINA.

OUTFIT: UN VESTIDO NEGRO CON LOS HOMBROS DESCUBIERTOS, ADORNADO CON BORDADOS FLORALES COLORIDOS Y DETALLES DE ENCAJE, QUE REFLEJAN EL ENCANTO DE UNA CANTINA RÚSTICA. EL ATUENDO DEBE COMBINAR ELEMENTOS TRADICIONALES CON UN TOQUE MODERNO, INCORPORANDO SUTILES MOTIVOS DE CALAVERAS.

ACCESORIOS: ARETES COLGANTES CON MOTIVOS DE CALAVERAS O FLORES, UNA GARGANTILLA RÚSTICA Y UNA PULSERA A JUEGO. ESTOS ACCESORIOS DEBEN REALZAR EL TEMA RÚSTICO GENERAL, CREANDO UN LOOK COHESIVO Y ENCANTADOR QUE CAPTURE LA ESENCIA DE UNA CELEBRACIÓN EN UNA CANTINA CON UN TOQUE FANTASMAL.

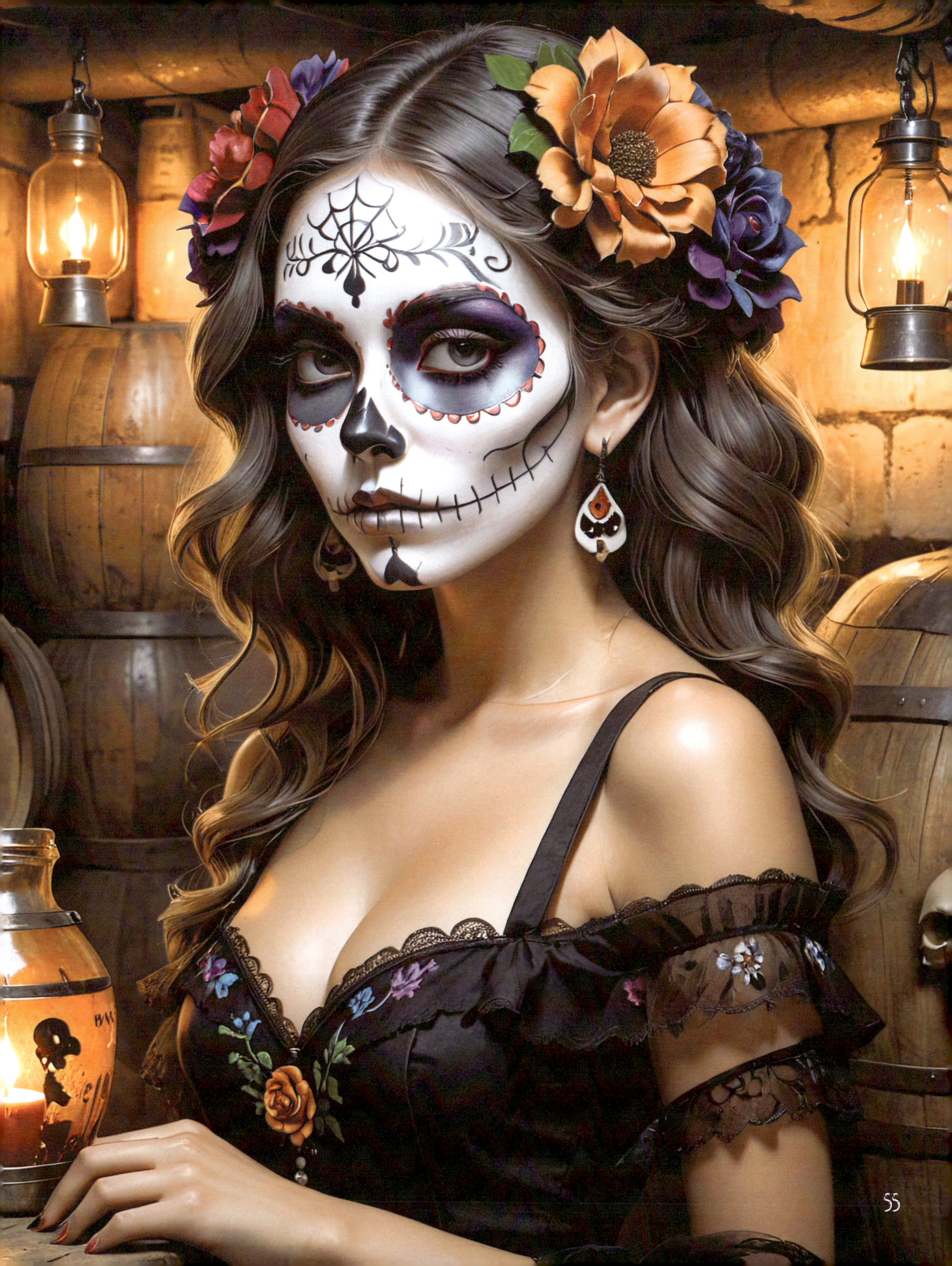

VINTAGE DRIVE CATRINA: MAQUILLAJE DE CALAVERA CON UN TOQUE DE AUTOS CLÁSICOS

INSTRUCCIONES PASO A PASO PARA EL MAQUILLAJE:

PREPARACIÓN DE LA PIEL:

HERRAMIENTAS: PREBASE, PINTURA FACIAL BLANCA, POLVO FIJADOR TRANSLÚCIDO.

INSTRUCCIONES: COMIENZA APLICANDO UNA PREBASE PARA CREAR UNA BASE SUAVE Y UNIFORME. CUBRE TODO EL ROSTRO CON PINTURA FACIAL BLANCA, MEZCLÁNDOLA UNIFORMEMENTE PARA LOGRAR UNA APARIENCIA IMPECABLE DE CALAVERA. FIJA LA PINTURA FACIAL CON POLVO TRANSLÚCIDO PARA ASEGURARTE DE QUE SE MANTENGA EN SU LUGAR DURANTE TODO EL DÍA O LA NOCHE.

OJOS:

HERRAMIENTAS: SOMBRA DE OJOS NEGRA, SOMBRA DE OJOS PÚRPURA PROFUNDA, DELINEADOR NEGRO, MÁSCARA DE PESTAÑAS.

INSTRUCCIONES: APLICA SOMBRA DE OJOS NEGRA ALREDEDOR DE LOS OJOS, CENTRÁNDOTE EN CREAR CUENCAS PROFUNDAS Y HUECAS. DIFUMINA UNA SOMBRA DE OJOS PÚRPURA PROFUNDA ALREDEDOR DE LOS BORDES DEL NEGRO, EXTENDIÉNDOLA HACIA AFUERA PARA CREAR UN CONTRASTE LLAMATIVO. USA DELINEADOR NEGRO PARA DEFINIR LOS OJOS, DIBUJANDO UNA LÍNEA PRECISA ALREDEDOR DE TODO EL CONTORNO DEL ÁREA DE LOS OJOS. TERMINA CON MÁSCARA DE PESTAÑAS PARA AÑADIR VOLUMEN Y DEFINICIÓN A LAS PESTAÑAS.

DETALLES FACIALES:

HERRAMIENTAS: PINTURA FACIAL NEGRA, PINCEL FINO, PINTURA FACIAL DE COLORES (PÚRPURA, NEGRA).

INSTRUCCIONES: USANDO PINTURA FACIAL NEGRA Y UN PINCEL FINO, CREA DISEÑOS INTRINCADOS QUE COMBINEN MOTIVOS TRADICIONALES DE CATRINA CON UN TOQUE VINTAGE. COMIENZA CON UN DISEÑO SIMÉTRICO EN LA FRENTE, AÑADIENDO DETALLES SUTILES ALREDEDOR DE LOS OJOS Y LAS MEJILLAS EN TONOS DE PÚRPURA Y NEGRO. DIBUJA UNA SONRISA ESQUELÉTICA EXTENDIENDO LÍNEAS NEGRAS DESDE LAS COMISURAS DE LA BOCA Y AGREGANDO PEQUEÑAS LÍNEAS VERTICALES A LO LARGO DE LOS LABIOS PARA IMITAR DIENTES. INCORPORA DETALLES ADICIONALES EN LA BARBILLA Y EL CUELLO PARA REALZAR LA ESTÉTICA VINTAGE Y CLÁSICA DE AUTOS.

NARIZ:

HERRAMIENTAS: PINTURA FACIAL NEGRA, PINCEL FINO.

INSTRUCCIONES: PINTA LA PUNTA DE LA NARIZ EN FORMA DE LÁGRIMA USANDO PINTURA FACIAL NEGRA, CREANDO LA ILUSIÓN DE LA CAVIDAD NASAL DE UNA CALAVERA. ASEGÚRATE DE QUE LAS LÍNEAS SEAN LIMPIAS Y NÍTIDAS PARA UN LOOK CLÁSICO Y PULIDO.

LABIOS:

HERRAMIENTAS: LÁPIZ LABIAL PÚRPURA OSCURO, PINCEL FINO.

INSTRUCCIONES: DELINEA LOS LABIOS CON UN LÁPIZ LABIAL PÚRPURA OSCURO, LUEGO RELLÉNALOS CON UN LÁPIZ LABIAL PÚRPURA VIBRANTE Y RICO. EXTIENDE LAS LÍNEAS NEGRAS DESDE LAS COMISURAS DE LA BOCA, INTEGRÁNDOLAS PERFECTAMENTE EN EL DISEÑO ESQUELÉTICO.

SUGERENCIAS PARA EL DISFRAZ:

TOCADO: UN ELEGANTE SOMBRERO VINTAGE ADORNADO CON DETALLES DE CALAVERAS Y FLORES VIBRANTES EN TONOS DE NARANJA Y PÚRPURA, AÑADIENDO UN TOQUE DE ELEGANCIA AL TEMA DE AUTOS CLÁSICOS. EL TOCADO DEBE REFLEJAR LA SOFISTICACIÓN DE LA ÉPOCA MIENTRAS REALZA EL LOOK DE CATRINA.

OUTFIT: UN VESTIDO NEGRO INSPIRADO EN EL ESTILO VINTAGE, CON BORDADOS FLORALES Y MANGAS TRANSPARENTES, QUE REFLEJE EL ENCANTO DE PRINCIPIOS DEL SIGLO XX. EL ATUENDO DEBE COMBINAR ELEMENTOS TRADICIONALES CON UNA SOFISTICACIÓN MODERNA, INCORPORANDO SUTILES MOTIVOS DE CALAVERAS QUE SE INTEGREN CON EL MAQUILLAJE.

ACCESORIOS: ARETES COLGANTES DORADOS, UN COLLAR LLAMATIVO Y UN BROCHE VINTAGE. ESTOS ACCESORIOS DEBEN COMPLEMENTAR EL TEMA VINTAGE GENERAL, CREANDO UN LOOK COHESIVO Y ELEGANTE QUE CAPTURE LA ESENCIA DE LA CULTURA DE AUTOS CLÁSICOS CON UN TOQUE FANTASMAL.

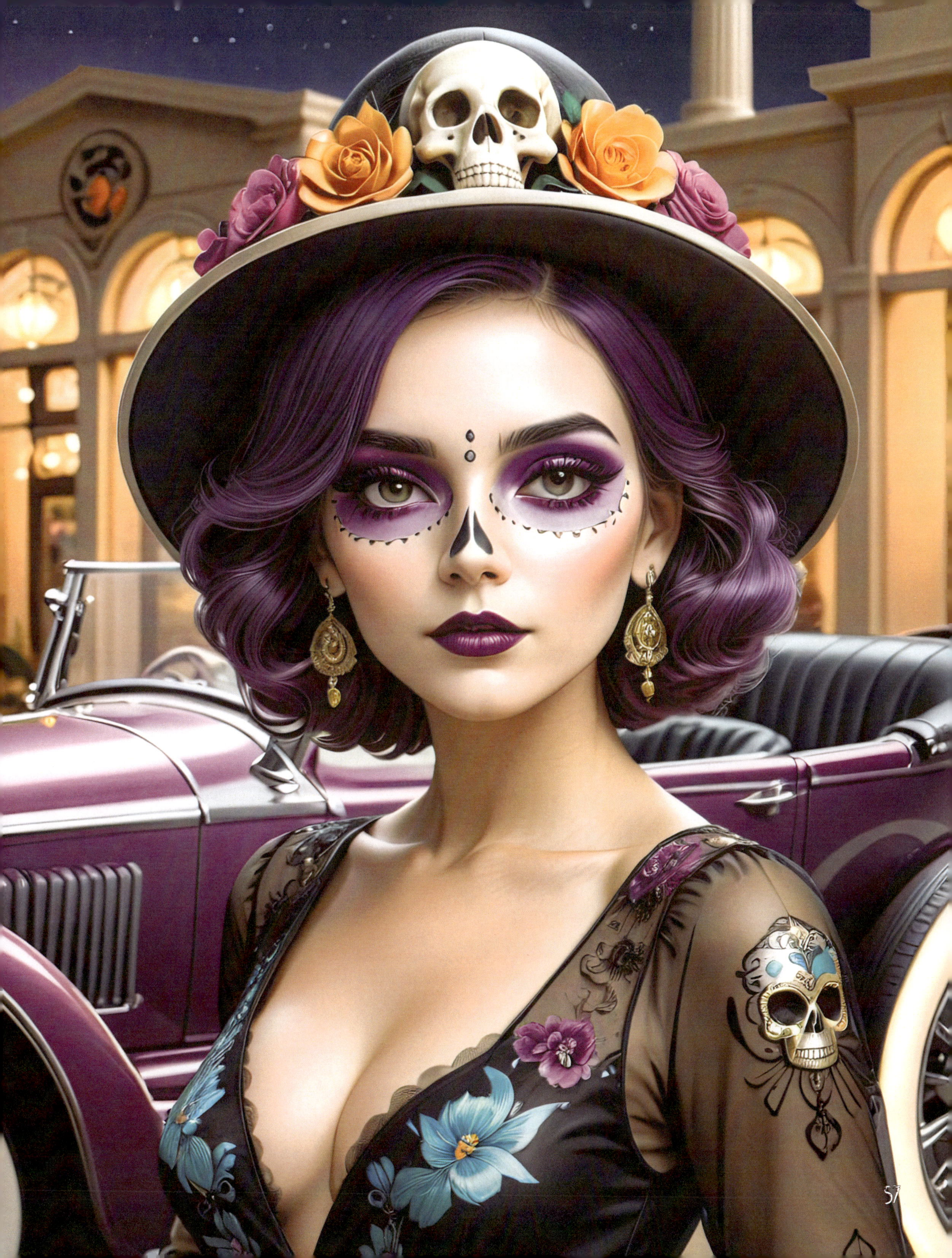

MOONLIT ENCHANTRESS CATRINA: MAQUILLAJE DE CALAVERA CON UN TOQUE MÍSTICO DE BOSQUE

INSTRUCCIONES PASO A PASO PARA EL MAQUILLAJE:

PREPARACIÓN DE LA PIEL:

HERRAMIENTAS: PREBASE, PINTURA FACIAL BLANCA, POLVO FIJADOR TRANSLÚCIDO.

INSTRUCCIONES: COMIENZA APLICANDO UNA PREBASE PARA CREAR UNA BASE SUAVE Y UNIFORME PARA EL MAQUILLAJE. CUBRE TODO EL ROSTRO CON PINTURA FACIAL BLANCA, MEZCLÁNDOLA A FONDO PARA LOGRAR UN EFECTO ETÉREO DE CALAVERA IMPECABLE. FIJA LA PINTURA FACIAL CON POLVO TRANSLÚCIDO PARA ASEGURAR QUE SE MANTENGA EN SU LUGAR DURANTE TODA LA NOCHE.

OJOS:

HERRAMIENTAS: SOMBRA DE OJOS NEGRA, SOMBRA DE OJOS PÚRPURA PROFUNDA, DELINEADOR NEGRO, MÁSCARA DE PESTAÑAS.

INSTRUCCIONES: APLICA SOMBRA DE OJOS NEGRA ALREDEDOR DE LOS OJOS, CENTRÁNDOTE EN CREAR CUENCAS PROFUNDAS Y HUECAS. DIFUMINA UNA SOMBRA DE OJOS PÚRPURA OSCURA ALREDEDOR DE LOS BORDES DEL NEGRO, EXTENDIÉNDOLA HACIA AFUERA PARA CREAR UN EFECTO DRAMÁTICO Y MÍSTICO. USA DELINEADOR NEGRO PARA DEFINIR LOS OJOS, DIBUJANDO UNA LÍNEA PRECISA ALREDEDOR DE TODO EL CONTORNO DEL ÁREA DE LOS OJOS. TERMINA CON MÁSCARA DE PESTAÑAS PARA AÑADIR VOLUMEN E INTENSIDAD A LAS PESTAÑAS.

DETALLES FACIALES:

HERRAMIENTAS: PINTURA FACIAL NEGRA, PINCEL FINO, PINTURA FACIAL DE COLORES (PÚRPURA, NEGRA).

INSTRUCCIONES: USANDO PINTURA FACIAL NEGRA Y UN PINCEL FINO, CREA DISEÑOS INTRINCADOS QUE COMBINEN MOTIVOS TRADICIONALES DE CATRINA CON ELEMENTOS MÍSTICOS DEL BOSQUE. COMIENZA CON PATRONES DE REMOLINOS SIMÉTRICOS EN LA FRENTE, AÑADIENDO DISEÑOS DELICADOS ALREDEDOR DE LOS OJOS Y A LO LARGO DE LAS MEJILLAS EN TONOS DE PÚRPURA Y NEGRO. DIBUJA UNA SONRISA ESQUELÉTICA EXTENDIENDO LÍNEAS NEGRAS DESDE LAS COMISURAS DE LA BOCA Y AGREGANDO PEQUEÑAS LÍNEAS VERTICALES A LO LARGO DE LOS LABIOS PARA IMITAR DIENTES. INCORPORA DETALLES ADICIONALES EN LA BARBILLA Y EL CUELLO PARA REALZAR EL AMBIENTE MÍSTICO Y ENCANTADO DEL BOSQUE.

NARIZ:

HERRAMIENTAS: PINTURA FACIAL NEGRA, PINCEL FINO.

INSTRUCCIONES: PINTA LA PUNTA DE LA NARIZ EN FORMA DE LÁGRIMA USANDO PINTURA FACIAL NEGRA, CREANDO LA ILUSIÓN DE LA CAVIDAD NASAL DE UNA CALAVERA. ASEGÚRATE DE QUE LAS LÍNEAS SEAN LIMPIAS Y NÍTIDAS PARA UN LOOK MÍSTICO Y PULIDO.

LABIOS:

HERRAMIENTAS: LÁPIZ LABIAL PÚRPURA OSCURO, PINCEL FINO.

INSTRUCCIONES: DELINEA LOS LABIOS CON UN LÁPIZ LABIAL PÚRPURA OSCURO, LUEGO RELLÉNALOS CON UN LÁPIZ LABIAL PÚRPURA VIBRANTE Y RICO. EXTIENDE LAS LÍNEAS NEGRAS DESDE LAS COMISURAS DE LA BOCA, INTEGRÁNDOLAS PERFECTAMENTE EN EL DISEÑO ESQUELÉTICO.

SUGERENCIAS PARA EL DISFRAZ:

TOCADO: UN TOCADO FLORAL CON FLORES PÚRPURAS Y NARANJAS, ACENTUADO CON HOJAS OSCURAS Y CUERNOS, AÑADIENDO UN TOQUE MÍSTICO INSPIRADO EN EL BOSQUE. ESTE TOCADO REALZA EL TEMA ENCANTADO Y COMPLEMENTA PERFECTAMENTE EL MAQUILLAJE DE CATRINA.

OUTFIT: UN VESTIDO NEGRO INSPIRADO EN EL ESTILO GÓTICO CON DETALLES DE ENCAJE Y UN CORPIÑO AJUSTADO, QUE REFLEJE LA ELEGANCIA Y EL MISTERIO DE UN BOSQUE ILUMINADO POR LA LUNA. EL ATUENDO DEBE COMBINAR ELEMENTOS TRADICIONALES CON UN TOQUE MÍSTICO, INCORPORANDO SUTILES MOTIVOS DE CALAVERAS QUE SE INTEGREN CON EL MAQUILLAJE.

ACCESORIOS: ARETES LLAMATIVOS CON DISEÑOS DE ROSAS NEGRAS, UNA GARGANTILLA CON UN COLGANTE DE ROSA PÚRPURA Y PULSERAS A JUEGO. ESTOS ACCESORIOS DEBEN REALZAR EL TEMA MÍSTICO GENERAL, CREANDO UN LOOK COHESIVO Y ENCANTADOR QUE CAPTURE LA ESENCIA DE UN BOSQUE ENCANTADO CON UN TOQUE FANTASMAL.

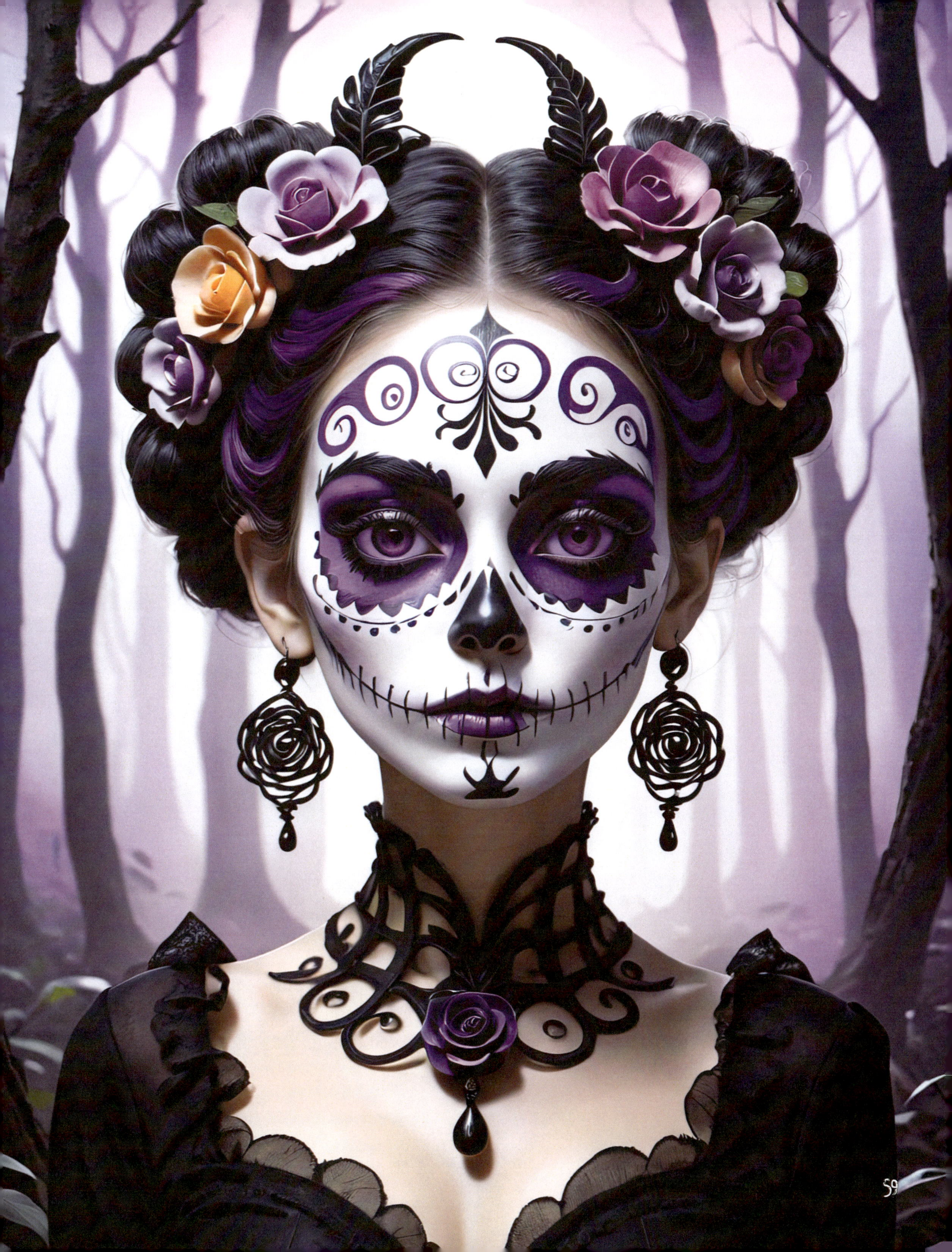

INSTRUCCIONES PASO A PASO PARA EL MAQUILLAJE:

PREPARACIÓN DE LA PIEL:

HERRAMIENTAS: PREBASE, PINTURA FACIAL BLANCA, POLVO FIJADOR TRANSLÚCIDO.

INSTRUCCIONES: COMIENZA APLICANDO UNA PREBASE PARA CREAR UNA BASE SUAVE PARA EL MAQUILLAJE. CUBRE TODO EL ROSTRO CON PINTURA FACIAL BLANCA, MEZCLÁNDOLA UNIFORMEMENTE PARA LOGRAR UNA APARIENCIA DE CALAVERA IMPECABLE Y MAJESTUOSA. FIJA LA PINTURA FACIAL CON POLVO TRANSLÚCIDO PARA ASEGURARTE DE QUE SE MANTENGA INTACTA DURANTE TODA LA NOCHE.

OJOS:

HERRAMIENTAS: SOMBRA DE OJOS NEGRA, SOMBRA DE OJOS PÚRPURA PROFUNDA, DELINEADOR NEGRO, MÁSCARA DE PESTAÑAS.

INSTRUCCIONES: APLICA SOMBRA DE OJOS NEGRA ALREDEDOR DE LOS OJOS, CREANDO CUENCAS PROFUNDAS Y HUECAS QUE EVOCAN LA GRANDEZA DE UNA CATEDRAL GÓTICA. DIFUMINA UNA SOMBRA DE OJOS PÚRPURA PROFUNDA ALREDEDOR DE LOS BORDES DEL NEGRO, EXTENDIÉNDOLA HACIA AFUERA PARA CREAR UN EFECTO DRAMÁTICO Y REGIO. USA DELINEADOR NEGRO PARA DEFINIR LOS OJOS, DIBUJANDO UNA LÍNEA PRECISA Y NÍTIDA ALREDEDOR DE TODO EL ÁREA DE LOS OJOS. TERMINA CON MÁSCARA DE PESTAÑAS PARA AÑADIR VOLUMEN E INTENSIDAD A LAS PESTAÑAS.

DETALLES FACIALES:

HERRAMIENTAS: PINTURA FACIAL NEGRA, PINCEL FINO, PINTURA FACIAL DE COLORES (PÚRPURA, NEGRA).

INSTRUCCIONES: USANDO PINTURA FACIAL NEGRA Y UN PINCEL FINO, CREA DISEÑOS INTRINCADOS QUE COMBINEN MOTIVOS TRADICIONALES DE CATRINA CON ELEMENTOS DE CATEDRAL GÓTICA. COMIENZA CON UN PATRÓN SIMÉTRICO DE TELARAÑA EN LA FRENTE, AÑADIENDO DISEÑOS DETALLADOS ALREDEDOR DE LOS OJOS Y MEJILLAS EN TONOS DE PÚRPURA Y NEGRO. DIBUJA UNA SONRISA ESQUELÉTICA EXTENDIENDO LÍNEAS NEGRAS DESDE LAS COMISURAS DE LA BOCA Y AGREGANDO PEQUEÑAS LÍNEAS VERTICALES A LO LARGO DE LOS LABIOS PARA IMITAR DIENTES. INCORPORA DETALLES ADICIONALES EN LA BARBILLA Y EL CUELLO PARA REALZAR EL TEMA GÓTICO Y REGIO.

NARIZ:

HERRAMIENTAS: PINTURA FACIAL NEGRA, PINCEL FINO.

INSTRUCCIONES: PINTA LA PUNTA DE LA NARIZ EN FORMA DE LÁGRIMA USANDO PINTURA FACIAL NEGRA, CREANDO LA ILUSIÓN DE LA CAVIDAD NASAL DE UNA CALAVERA. ASEGÚRATE DE QUE LAS LÍNEAS SEAN LIMPIAS Y NÍTIDAS PARA UN LOOK PULIDO Y MAJESTUOSO.

LABIOS:

HERRAMIENTAS: LÁPIZ LABIAL PÚRPURA OSCURO, PINCEL FINO.

INSTRUCCIONES: DELINEA LOS LABIOS CON UN LÁPIZ LABIAL PÚRPURA OSCURO, LUEGO RELLÉNALOS CON UN LÁPIZ LABIAL PÚRPURA VIBRANTE Y RICO. EXTIENDE LAS LÍNEAS NEGRAS DESDE LAS COMISURAS DE LA BOCA, INTEGRÁNDOLAS PERFECTAMENTE EN EL DISEÑO ESQUELÉTICO.

SUGERENCIAS PARA EL DISFRAZ:

TOCADO: UN TOCADO DRAMÁTICO CON UNA COMBINACIÓN DE ROSAS NEGRAS, CALAVERAS, Y FLORES EN TONOS PÚRPURA Y NARANJA PROFUNDO, AÑADIENDO UN TOQUE DE GRANDEZA GÓTICA. ESTE TOCADO DEBE REFLEJAR LA OPULENCIA DE UNA CATEDRAL GÓTICA MIENTRAS REALZA EL LOOK DE CATRINA.

OUTFIT: UN VESTIDO NEGRO CON CORSÉ, ADORNADO CON DETALLES DE ENCAJE Y UN CUELLO ALTO, QUE REFLEJE LA ELEGANCIA Y EL MISTERIO DE UNA CATEDRAL GÓTICA. EL ATUENDO DEBE COMBINAR ELEMENTOS TRADICIONALES CON UN TOQUE REGIO, INCORPORANDO SUTILES MOTIVOS DE CALAVERAS QUE SE INTEGREN CON EL MAQUILLAJE.

ACCESORIOS: ARETES LLAMATIVOS CON DISEÑOS INTRINCADOS, UNA GARGANTILLA GÓTICA CON UN COLGANTE CENTRAL DE ROSA, Y UN BROCHE A JUEGO. ESTOS ACCESORIOS DEBEN COMPLEMENTAR EL TEMA GÓTICO GENERAL, CREANDO UN LOOK COHESIVO Y MAJESTUOSO QUE CAPTURE LA ESENCIA DE UNA CATEDRAL GÓTICA CON UN TOQUE FANTASMAL.

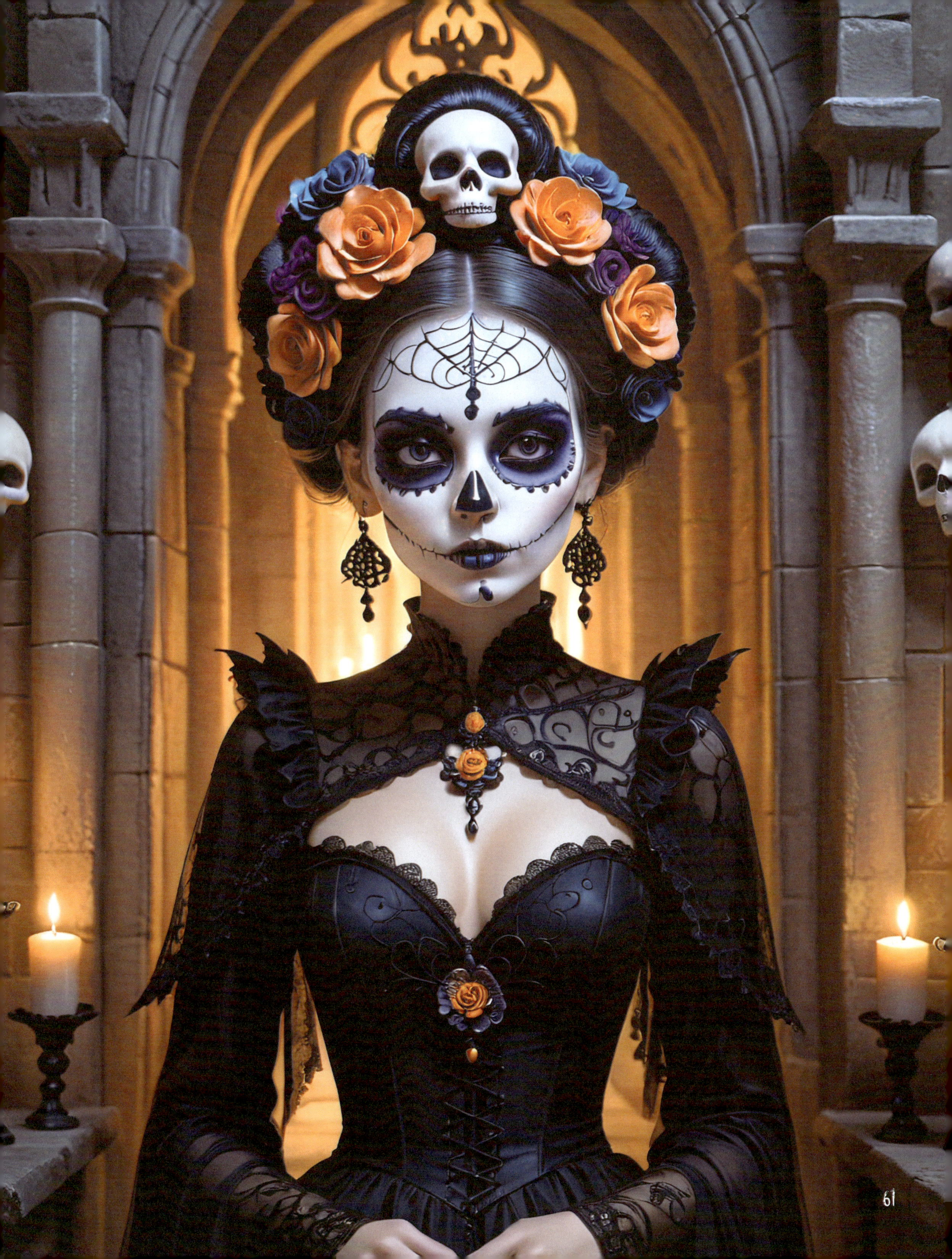

INSTRUCCIONES PASO A PASO PARA EL MAQUILLAJE:

PREPARACIÓN DE LA PIEL:

HERRAMIENTAS: PREBASE, PINTURA FACIAL BLANCA, POLVO FIJADOR TRANSLÚCIDO.

INSTRUCCIONES: APLICA UNA PREBASE PARA PREPARAR LA PIEL PARA UNA APLICACIÓN DE MAQUILLAJE DURADERA. CUBRE TODO EL ROSTRO CON PINTURA FACIAL BLANCA, ASEGURÁNDOTE DE QUE LA BASE SEA UNIFORME Y SUAVE. FIJA LA PINTURA FACIAL CON POLVO TRANSLÚCIDO PARA EVITAR QUE SE CORRA Y MANTENER UN ACABADO IMPECABLE.

OJOS:

HERRAMIENTAS: SOMBRA DE OJOS NEGRA, SOMBRA DE OJOS PÚRPURA OSCURA, DELINEADOR NEGRO, MÁSCARA DE PESTAÑAS.

INSTRUCCIONES: COMIENZA APLICANDO SOMBRA DE OJOS NEGRA ALREDEDOR DE LOS OJOS, CREANDO CUENCAS PROFUNDAS Y DRAMÁTICAS. DIFUMINA LA SOMBRA NEGRA CON SOMBRA DE OJOS PÚRPURA OSCURA, EXTENDIÉNDOLA HACIA AFUERA PARA UN LOOK AUDAZ Y CAUTIVADOR. USA DELINEADOR NEGRO PARA DEFINIR LOS OJOS, ACENTUANDO LA FORMA CON UNA LÍNEA PRECISA ALREDEDOR DE TODO EL CONTORNO. TERMINA CON MÁSCARA DE PESTAÑAS PARA REALZAR LAS PESTAÑAS, AÑADIENDO VOLUMEN E INTENSIDAD.

DETALLES FACIALES:

HERRAMIENTAS: PINTURA FACIAL NEGRA, PINCEL FINO, PINTURA FACIAL DE COLORES (PÚRPURA, NEGRA).

INSTRUCCIONES: USANDO PINTURA FACIAL NEGRA Y UN PINCEL FINO, CREA DISEÑOS INTRINCADOS Y SIMÉTRICOS QUE FUSIONEN LOS MOTIVOS TRADICIONALES DE CATRINA CON ELEMENTOS CAPRICHOSOS DE UN CARNAVAL. COMIENZA CON UN DISEÑO CENTRAL EN LA FRENTE, AÑADIENDO DETALLES ALREDEDOR DE LOS OJOS Y LAS MEJILLAS EN TONOS DE NEGRO Y PÚRPURA. EXTIENDE LA BOCA CON UNA SONRISA ESQUELÉTICA, DIBUJANDO LÍNEAS DESDE LAS COMISURAS Y AÑADIENDO LÍNEAS VERTICALES A LO LARGO DE LOS LABIOS. AGREGA MÁS DETALLES INTRINCADOS EN LA BARBILLA Y EL CUELLO PARA UN LOOK TEATRAL COHESIVO.

NARIZ:

HERRAMIENTAS: PINTURA FACIAL NEGRA, PINCEL FINO.

INSTRUCCIONES: PINTA LA PUNTA DE LA NARIZ EN FORMA DE LÁGRIMA REDONDEADA USANDO PINTURA FACIAL NEGRA PARA SIMULAR LA CAVIDAD NASAL DE UNA CALAVERA. ASEGÚRATE DE QUE LAS LÍNEAS SEAN LIMPIAS Y NÍTIDAS PARA UN ACABADO PULIDO.

LABIOS:

HERRAMIENTAS: LÁPIZ LABIAL PÚRPURA OSCURO, PINCEL FINO.

INSTRUCCIONES: DELINEA LOS LABIOS CON UN LÁPIZ LABIAL PÚRPURA OSCURO, LUEGO RELLÉNALOS CON UN LÁPIZ LABIAL PÚRPURA VIBRANTE. INTEGRA LAS LÍNEAS DE LA SONRISA ESQUELÉTICA EN EL DISEÑO GENERAL, CREANDO UNA SONRISA MACABRA Y SIN FISURAS.

SUGERENCIAS PARA EL DISFRAZ:

TOCADO: UN TOCADO DRAMÁTICO CON GRANDES ROSAS PÚRPURAS Y CALAVERAS, ENTRELAZADAS EN EL CABELLO, AÑADIENDO UN TOQUE DE ELEGANCIA MACABRA QUE ENCAJA PERFECTAMENTE CON EL TEMA DEL CARNAVAL.

OUTFIT: UN VESTIDO CORSÉ INSPIRADO EN EL CIRCO, EN TONOS PÚRPURA Y NEGRO, COMPLETO CON ENCAJE Y MOTIVOS DE CALAVERAS. EL ATUENDO DEBE REFLEJAR LA NATURALEZA OSCURA Y CAPRICHOSA DE UN CARNAVAL, MEZCLANDO ELEMENTOS TRADICIONALES DE CATRINA CON UN TOQUE TEATRAL.

ACCESORIOS: ARETES LLAMATIVOS CON DISEÑOS EN ESPIRAL, UNA GARGANTILLA CON UN COLGANTE CENTRAL Y PULSERAS A JUEGO. ESTOS ACCESORIOS DEBEN REALZAR EL TEMA GENERAL DEL CARNAVAL, CREANDO UN LOOK COHESIVO Y FASCINANTE QUE CAPTURE LA ESENCIA DE UN CIRCO MACABRO CON UN TOQUE FANTASMAL.

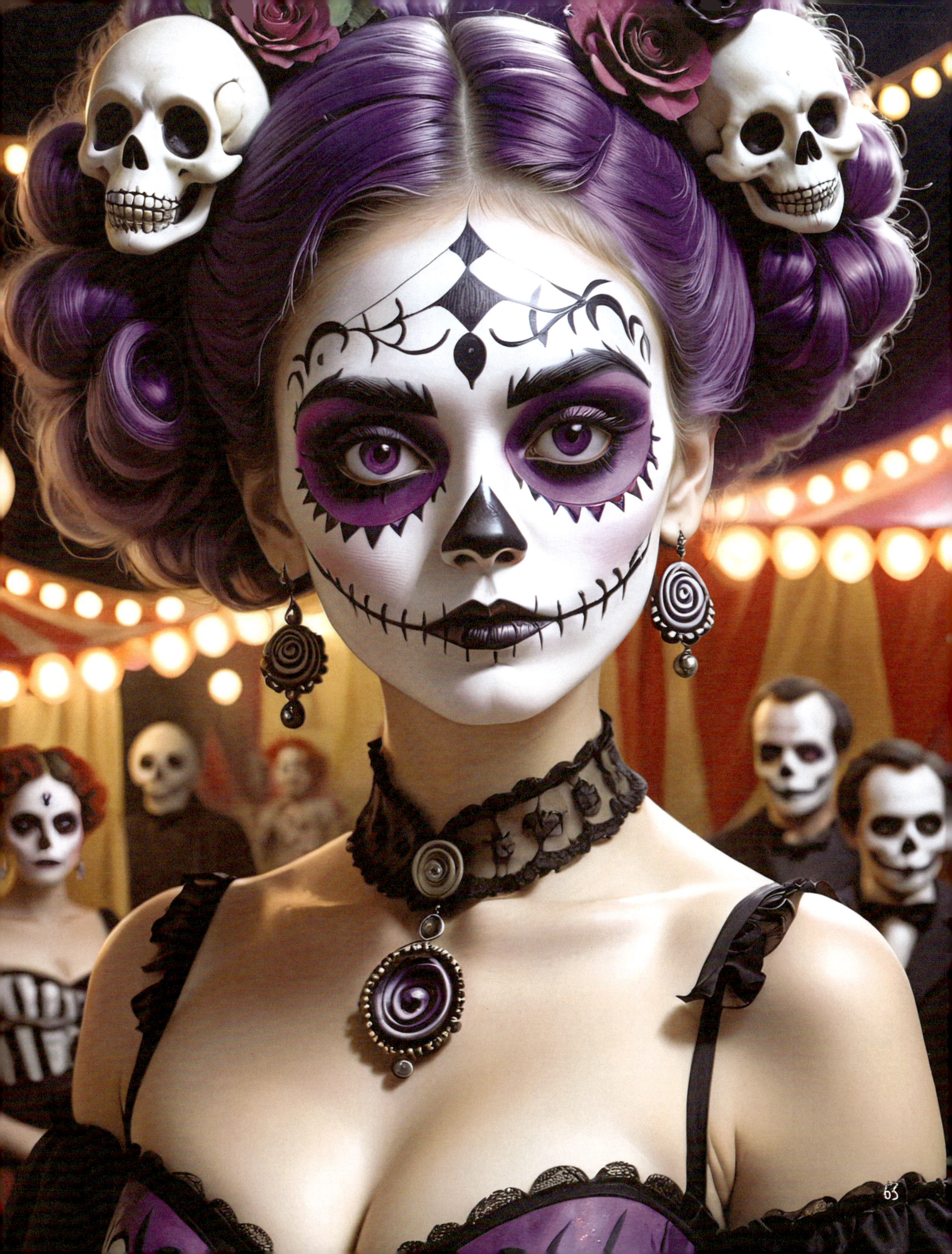

PREPARACIÓN DE LA PIEL:

HERRAMIENTAS: PREBASE, PINTURA FACIAL BLANCA, POLVO FIJADOR TRANSLÚCIDO.

INSTRUCCIONES: COMIENZA APLICANDO UNA PREBASE PARA ASEGURAR QUE EL MAQUILLAJE DURE TODA LA NOCHE. CUBRE TODO EL ROSTRO CON PINTURA FACIAL BLANCA, CREANDO UN LIENZO LISO Y UNIFORME. FIJA LA PINTURA FACIAL CON POLVO TRANSLÚCIDO PARA EVITAR QUE SE CORRA O SE DESVANEZCA.

OJOS:

HERRAMIENTAS: SOMBRA DE OJOS PÚRPURA PROFUNDA, SOMBRA DE OJOS NEGRA, DELINEADOR NEGRO, MÁSCARA DE PESTAÑAS.

INSTRUCCIONES: APLICA SOMBRA DE OJOS PÚRPURA ALREDEDOR DE LOS OJOS, EXTENDIÉNDOLA HACIA AFUERA EN UNA FORMA SUAVE Y AHUMADA. AÑADE SOMBRA DE OJOS NEGRA PARA DEFINIR LA CUENCA Y LAS ESQUINAS EXTERIORES, MEZCLÁNDOLA LIGERAMENTE CON EL PÚRPURA. DELINEA LOS OJOS CON DELINEADOR NEGRO, ENFOCÁNDOTE EN LAS LÍNEAS DE LAS PESTAÑAS SUPERIORES E INFERIORES. TERMINA CON UNA CAPA GENEROSA DE MÁSCARA DE PESTAÑAS PARA ACENTUAR LAS PESTAÑAS.

DETALLES FACIALES:

HERRAMIENTAS: PINTURA FACIAL NEGRA, PINCEL FINO, PINTURA FACIAL ROJA.

INSTRUCCIONES: USA PINTURA FACIAL NEGRA PARA CREAR DISEÑOS INTRINCADOS Y SIMÉTRICOS ALREDEDOR DE LA FRENTE, LAS MEJILLAS Y LA BARBILLA. AÑADE UN PEQUEÑO ACENTO ROJO EN EL CENTRO DE LA FRENTE PARA UN TOQUE DE COLOR. ASEGÚRATE DE QUE LOS DISEÑOS SEAN LIMPIOS Y DETALLADOS, ENFATIZANDO EL CONTRASTE CON LA BASE BLANCA.

NARIZ:

HERRAMIENTAS: PINTURA FACIAL NEGRA, PINCEL FINO.

INSTRUCCIONES: PINTA LA PUNTA DE LA NARIZ CON PINTURA FACIAL NEGRA EN UNA FORMA TRIANGULAR REDONDEADA PARA IMITAR LA CAVIDAD NASAL DE UNA CALAVERA. ASEGÚRATE DE QUE LAS LÍNEAS SEAN NÍTIDAS Y UNIFORMES.

LABIOS:

HERRAMIENTAS: LÁPIZ LABIAL PÚRPURA OSCURO, PINCEL FINO.

INSTRUCCIONES: DELINEA LOS LABIOS CON LÁPIZ LABIAL PÚRPURA OSCURO Y LUEGO RELLÉNALOS. EXTIENDE LIGERAMENTE LAS COMISURAS DE LOS LABIOS HACIA AFUERA Y DIBUJA PEQUEÑAS LÍNEAS VERTICALES A LO LARGO DE LOS LABIOS PARA REALZAR LA APARIENCIA ESQUELÉTICA.

SUGERENCIAS PARA EL DISFRAZ:

OUTFIT: EL VESTIDO DEBE SER UN ELEGANTE VESTIDO INSPIRADO EN EL ESTILO GÓTICO, CON TONOS RICOS EN NEGRO Y PÚRPURA. EL DISEÑO CON LOS HOMBROS AL DESCUBIERTO REALZA EL EFECTO DRAMÁTICO, MIENTRAS QUE EL ENCAJE Y LOS DETALLES INTRINCADOS ALREDEDOR DEL ESCOTE AÑADEN SOFISTICACIÓN. EL VESTIDO DEBE ABRAZAR EL CUERPO Y FLUIR CON GRACIA, ENFATIZANDO UNA APARIENCIA REGIA PERO INQUIETANTE.

ACCESORIOS: COMPLETA EL LOOK CON UNA GARGANTILLA DE ENCAJE NEGRO ADORNADA CON UNA GEMA OSCURA Y ARETES A JUEGO. EL CABELLO DEBE ESTAR ESTILIZADO EN MOÑOS VOLUMINOSOS, ACENTUADOS CON SUAVES ROSAS PÚRPURAS. ESTO AÑADE UN TOQUE ROMÁNTICO AL CONJUNTO OSCURO Y MISTERIOSO, HACIÉNDOLO PERFECTO PARA UN PASEO INQUIETANTE POR UN PAISAJE URBANO ENCANTADO.

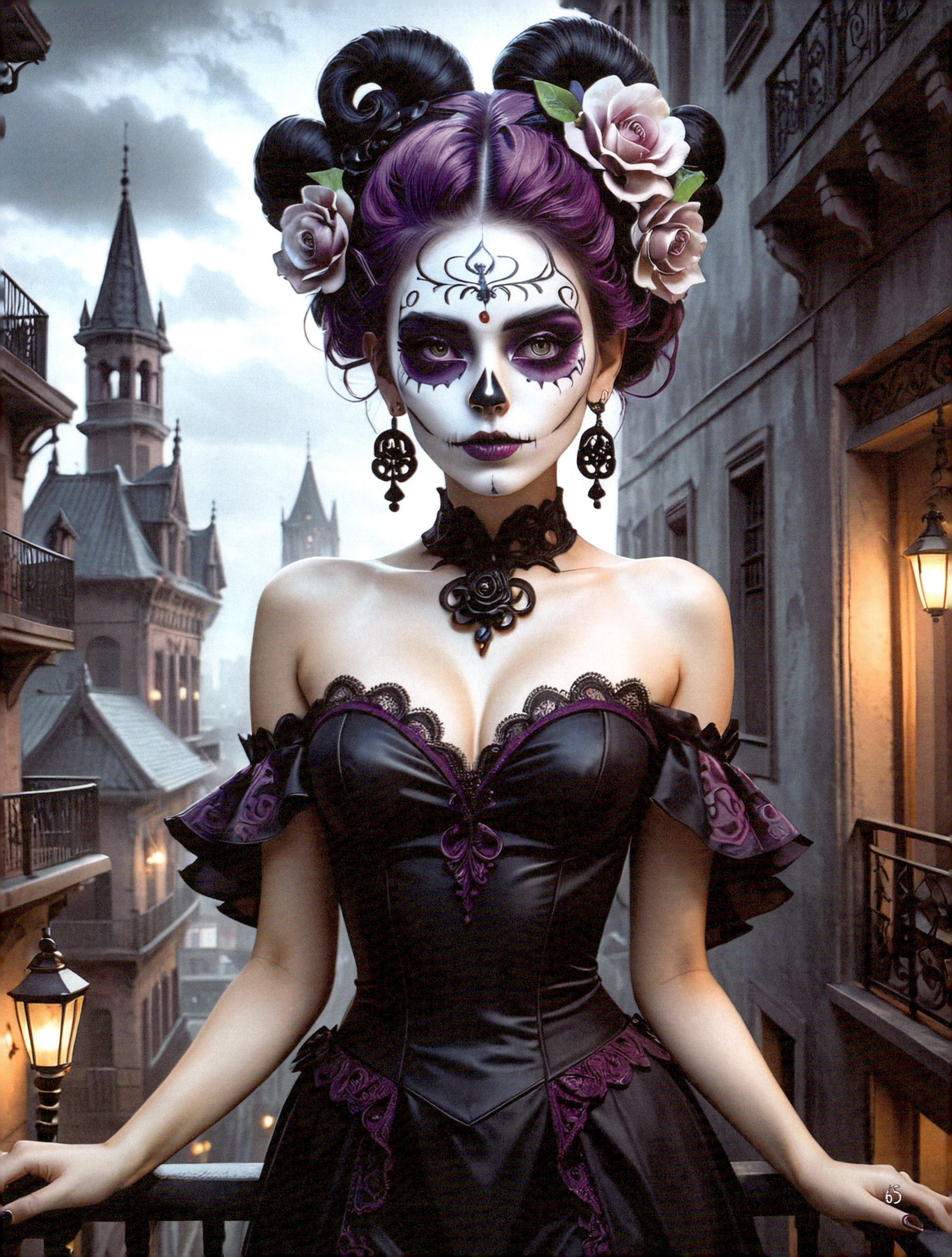

GRACIAS POR ELEGIR NUESTRO LIBRO Y POR SUMERGIRTE EN EL MUNDO DEL MAQUILLAJE DE HALLOWEEN. ESPERAMOS QUE NUESTRAS INSTRUCCIONES, INSPIRACIONES Y CONSEJOS TE HAYAN AYUDADO A CREAR LOOKS INOLVIDABLES QUE AÑADIERON MAGIA Y EMOCIÓN A TUS CELEBRACIONES DE HALLOWEEN. CADA PROYECTO EN ESTE LIBRO FUE DISEÑADO PENSANDO EN TI: EN TU CREATIVIDAD, TU PASIÓN Y TU DESEO DE EXPLORAR NUEVAS Y EMOCIONANTES FORMAS DE EXPRESARTE.

RECUERDA, EL MAQUILLAJE ES UNA FORMA DE ARTE SIN LÍMITES. CADA PINCELADA, CADA DETALLE, ES UNA OPORTUNIDAD PARA CREAR ALGO ÚNICO QUE REFLEJE TU PERSONALIDAD E IMAGINACIÓN. QUE ESTE LIBRO SEA UNA FUENTE DE INSPIRACIÓN PARA TI DURANTE MUCHOS AÑOS, ALENTÁNDOTE A EXPERIMENTAR Y DESCUBRIR NUEVAS TÉCNICAS.

UNA VEZ MÁS, GRACIAS POR ADQUIRIR NUESTRO LIBRO. TU APOYO NOS PERMITE SEGUIR CREANDO MATERIALES QUE TE AYUDAN A CRECER Y DISFRUTAR DEL ARTE DEL MAQUILLAJE. TE DESEAMOS MUCHOS MOMENTOS FELICES Y CREATIVOS CON EL MAQUILLAJE, Y MUCHOS HALLOWEENS ATERRADORES E INOLVIDABLES.

9 788367 484923